海上丝绸之路大冒险

第五部
马达加斯加海滩上的狂欢节

王军 等著

哈爾濱工業大學出版社

内容简介

继续旅行的翔龙和奇奇，来到了与非洲大陆隔海相望的马达加斯加岛，在这里他们认识了一群热情快乐的狐猴。

狐猴们正在海滩上准备他们一年一度的海滩狂欢节。狂欢节上不仅有许多有趣的比赛，还会选举年度最勇敢狐猴勇士和最美狐猴美人。他们热情邀请两位远道而来的客人参加，为此还特地在沙滩上挖了一条深沟，把海水引了进来，这样离不开水的奇奇也可以参加狂欢了。狂欢节的最高潮是狐猴们拿出一个破了个豁口的青花瓷盘进行祭拜。据狐猴们说，这是他们的圣物，有了它的保佑，整个狐猴家族才一直平安无事。认识字的翔龙一眼就看出，这个瓷盘来自中国，而且还很可能和郑和的船队有关。翔龙还没来得及进一步研究，瓷盘就神秘失踪了——一只生活在附近礁石里的大章鱼，早就觊觎狐猴们的宝贝了，他借着狐猴们给奇奇修建的水道的便利，利用黑夜的掩护，偷走了瓷盘。狐猴们决定夺回他们的圣物。他们扎了木筏，在奇奇和翔龙的帮助下，向大章鱼隐藏的礁石进发。那么狐猴们和大章鱼的大战胜负如何？奇奇和翔龙将使出什么妙计制服不可一世的小偷？瓷盘是否真的和郑和的船队有关？看完本部故事你就会有答案。

图书在版编目(CIP)数据

马达加斯加海滩上的狂欢节／王军等著. －哈尔滨：哈尔滨工业大学出版社，2017.3
（海上丝绸之路大冒险）
ISBN 978-7-5603-6022-5

Ⅰ.①马… Ⅱ.①王… Ⅲ.①儿童文学－中篇小说－中国－当代 Ⅳ.①I287.45

中国版本图书馆 CIP 数据核字（2016）第 102679 号

策划编辑	闻　竹
责任编辑	王晓丹　张　瑞
插　　图	蒲　怡
出版发行	哈尔滨工业大学出版社
社　　址	哈尔滨市南岗区复华四道街10号　邮编150006
传　　真	0451-86414749
网　　址	http://hitpress.hit.edu.cn
印　　刷	哈尔滨经典印业公司
开　　本	787mm×1092mm　1/16　印张10.5　字数80千字
版　　次	2017年3月第1版　2017年3月第1次印刷
书　　号	ISBN 978-7-5603-6022-5
定　　价	29.80元

（如有印装质量问题影响阅读，我社负责调换）

《海上丝绸之路大冒险》编委会

主　任：王　军

委　员：孟昭荣　　　　　　　　　鲁海娇
　　　　（哈尔滨幼儿师范高等专科学校）　（北京市昌平第二实验小学校）

　　　　陈　泽　　　　　　　　　何　萍
　　　　（哈尔滨市第五十八中学校）　（河北省廊坊市香河县第一中学校）

　　　　叶春晓　　　　　　　　　丁　健
　　　　（哈尔滨市第三十二中学校）　（深圳市南山中英文学校）

　　　　郑　也　　　　　　　　　陈淑华
　　　　（辽宁省葫芦岛市实验中学校）（哈尔滨市第一二二中学校）

目录

一、世界最长海峡里的怪影/1
　本节知识小贴士　　　圣城麦加/12
　奇奇海洋知识千千问　莫桑比克海峡有多长？/13

二、大海中的孤岛/15
　本节知识小贴士　　　开斋节/26
　奇奇海洋知识千千问　矛尾鱼为什么被称为活化石？/26

三、寻找猴面包树/28
　本节知识小贴士　　　宰牲节/40
　奇奇海洋知识千千问　猴面包树的奇怪名字是怎么来的?/40

四、海滩上的奇怪活动/42
　本节知识小贴士　　　木骨都束/53
　奇奇海洋知识千千问　深海小飞象有多么罕见？/53

五、热情的邀请/55
　本节知识小贴士　　　东非大裂谷/66
　奇奇海洋知识千千问　郑和的船队在非洲发生了哪些事？/66

六、盛大的海滩狂欢节/69
　本节知识小贴士　　　乞力马扎罗山/78
　奇奇海洋知识千千问　狐猴是马达加斯加岛上独有的吗？/78

七、圣物里隐藏的秘密 /81
    本节知识小贴士　　尼罗河/91
    奇奇海洋知识千千问　马达加斯加岛上最大的猛兽是什么？/91

八、划过夜空的黑手/93
    本节知识小贴士　　凤凰木/103
    奇奇海洋知识千千问　郑和船队的船员在非洲有后裔吗？/104

九、危险的侦查/106
    本节知识小贴士　　刚果河/117
    奇奇海洋知识千千问　旗鱼游得有多快？/117

十、小偷现行/119
    本节知识小贴士　　撒哈拉沙漠/130
    奇奇海洋知识千千问　飞鱼为什么会飞？/130

十一、红海探险/133
    本节知识小贴士　　非洲虎鱼/141
    奇奇海洋知识千千问　你能分清章鱼、乌贼和鱿鱼吗？/141

十二、围攻大章鱼/144
    本节知识小贴士　　蜜獾/160
    奇奇海洋知识千千问　如何测量长颈鹿的高度？/160

一、世界最长海峡里的怪影

如果不是为了给海马快快寻找传说中的红海大珍珠来唤醒水晶棺里美丽的睡公主,奇奇和翔龙早就离开了沿岸的两座古城——阿丹和天方,它们是大英雄郑和的船队在前往非洲大陆之前,在阿拉伯半岛西南边靠近红海一侧停靠的两座城市。

阿丹和天方是两座城市古时的名字,现在早已废弃不用了,它们现在被称为亚丁和麦加。

亚丁位于亚丁湾北岸的两座半岛上,距离进入红海南口的曼德海峡约160千米。亚丁是一座拥有2 000年历史的古老城市,最初的时候,它只是一个荒凉的小渔村,村里的人们靠捕鱼为生。后来,由于东西方贸易的发展,地理位置特别重要的亚丁成了一个连接东西方的重要海港城市,不然郑和的船队怎么会在这里停留呢?

但是从风景来说,亚丁和其他的阿拉伯沿海城市也没有太大的区别,所以翔龙和奇奇走马观花地沿着海岸看了一遍,就继续朝着另一个目的地——麦加游去。

海上丝绸之路大冒险

"奇奇，下一个地方我们也许参观不了了。"一边走一边观看地图的翔龙忽然说道。

"为什么呀？"

从没有想过这个问题的奇奇睁着大眼睛看着翔龙，一脸的困惑：大英雄郑和的船队几百年前就在那里停靠过，怎么轮到他俩来旅游了，就参观不了了呢？

"奇奇你看，麦加城离海边还有很远的距离呢，你可到不了那里。"翔龙指着地图道。

确实，翔龙手里的地图标注得很明确，麦加并不是一座临海的城市，它离海边还有很远的一段距离。翔龙虽然可以上岸，但是他的身体构造并不适合在陆地上长途跋涉，而奇奇则根本离不开水。

"那大英雄郑和的船队当初是怎么到那里去的呢？"由于事发突然，奇奇的小脑瓜一时有些转不过弯来。

"嗯——我想在麦加城的附近肯定有一座海港，大英雄郑和就是把船停在那里，然后和手下上岸前往的。"翔龙忽闪着大眼睛，认真考虑了一会儿推测道。

翔龙推测得很准确，在麦加城的附近，确实有一座海港，名字叫吉达港，早在17世纪的时候，吉达港就作为朝圣者前往圣城麦加朝圣的集散地而兴盛，现在则是沙特阿拉伯最大的集装箱运输港。吉达港离麦加

马达加斯加海滩上的狂欢节

城大约70千米,当年郑和的船队就是从这里上岸,然后乘着骆驼前往麦加城的。

"那我们现在该怎么办啊?"奇奇没主意地问道。是啊,他和翔龙万里迢迢远道而来,如果眼看就要到目的地了,却与它擦肩而过,实在是太让人遗憾了。

"要不我们就去大英雄郑和上岸的那座海港参观一下,这样也算到过麦加城了。"翔龙很会"变通",他提出一个可以自我安慰的"好"主意。

这样起码也算是跟着大英雄郑和的脚步前进了,想起来心里就舒服多了。

"好,就这么办。"

奇奇和翔龙一拍即合,于是两个好朋友向着麦加城的方向游去。

他们在和快快、炮弹鱼一起寻找红海大珍珠的时候实际就来过吉达港,只是那时大家的心思都在神龙见首不见尾的大珍珠身上,根本无暇注意其他的景物。

"这座海港可真大呀!"来到吉达港附近的水域,翔龙探着脑袋朝港口方向张望,只见在岸上矗立着密密麻麻的集装箱,一个个整齐地叠码起来,如同一座座方形的小山包。再看海面上,停靠着许多万吨巨

轮,好几个巨人手臂般的吊臂正把一个个集装箱朝船舱里吊装。

"我喜欢这儿。"奇奇很喜欢吉达港,因为这里既安静又井然有序,最主要的是,没有在海面上来回游荡的贪婪的捕鱼人,可不像他们在占城港看到的景象。

"是啊,这里可真是一个好地方。"和好朋友心有灵犀的翔龙一听就明白了奇奇的意思,随声附和道。

他俩在吉达港逗留一会儿就离开了,因为前面要游览的地方还多着呢。

下一站就该前往神秘的非洲了,他俩从红海出来,沿着右侧的海岸继续朝前游去,广阔的非洲大陆就在红海的西南岸。

马达加斯加海滩上的狂欢节

在非洲大陆的东海岸，靠近世界上最长的海峡——莫桑比克海峡的东北端，有一连串的海边城市，比如木骨都束（今索马里的摩加迪沙）、不剌哇（索马里布拉瓦）、竹步（索马里朱巴）、麻林（肯尼亚马林迪）、慢八撒（肯尼亚蒙巴萨），这些地方大英雄郑和的船队都曾到访过。

听翔龙说郑和的船队在非洲到过这么多地方，奇奇惊讶地张大了嘴。"他们到过的地方可真多呀！"他惊呼道。

"是呀，可能这里比较好玩吧。"翔龙按照自己的理解推测道。

怀着同样的期待，奇奇和翔龙迫不及待地游往离得最近的木骨都束，他俩打算好好游玩一下这几个像珍珠一样串在一起的地方，因为这里差不多是大英雄郑和的船队到访过最远的地方了。

"奇奇，你说我们在这儿会遇到什么？"翔龙一边游一边问好朋友。

"不知道。"奇奇回答得很干脆，因为他第一次来这里，又不像翔龙还在电视上看到过神奇的非洲大陆，他可是一点儿可供联想的画面都没有。

唯一比较确定的就是非洲非常热，就像翔龙在穿越阿拉伯海的时候和他描述过的一样。现在头顶的

大太阳明晃晃的,晃得人不敢睁开眼,热得好像一座烤炉,奇奇已经感受到它的威力了。

非洲大陆海边的城市明显和他俩之前参观过的地方不同,这里的城市很少有高楼大厦,多数是低矮的房子,还有许多简陋的铁皮屋之类的房子,显得有些破旧。在远离城市的地方,沿岸的陆地上不时会出现一些造型各异的草房子,这些是普通的非洲百姓更常见的住所。

经过的海岸边不时有当地渔民出现,他们皮肤黑黑的,离得远奇奇都有些分不清他们的鼻子眼睛了。"呀——他们可真黑呀,这里的太阳真是太厉害了。"奇奇看着岸上不时走动的行人,想起翔龙曾经和他说过关于非洲的话,不由感叹道。

"哈哈,是呀,要是你也一直在大太阳下晒,说不定会变成一条小黑鱼的。"翔龙故意和奇奇开玩笑。"我可不想变成小黑鱼。"奇奇听了,吓得一缩脑袋,赶紧把身体隐入凉爽的海水里——虽然头顶烈日当空,不过在蔚蓝的海里依然是一片清凉的世界。

要是晒黑了变不回来,回去给妈妈和兄弟姐妹看见了,他们一定会笑话他的,说不定都认不出他了呢,奇奇可不想这么丢脸。

他们说说笑笑,不知不觉远离了人群相对集中的

马达加斯加海滩上的狂欢节

村落,来到了一大片荒凉的开阔地,只见海岸上长着低矮的植被,有些已经枯黄,夹杂在绿色的野草中,看起来像一大张色彩单调的草毯。

荒野里也不全是低矮的杂草,偶尔也会有一些灌木丛点缀其间,挺拔得如同一群侏儒间的巨人。

这时前方离海岸大约有100米的陆地上,出现了一大片郁郁葱葱的灌木,奇奇忽然瞪着灌木的方向惊讶地叫道:"呀——那是什么,个头比树顶都高呢!"

翔龙见奇奇好像发现了新大陆般惊讶的表情,扭头看了一眼,立刻不以为意地笑道:"奇奇,你真是少见多怪,这就是在非洲常见的长颈鹿而已啊。"原来是一只成年长颈鹿站在灌木丛间,悠闲地伸着紫色的长舌头卷食树顶的嫩叶呢!

奇奇从来没有见过长颈鹿,他觉得长颈鹿可真有意思,脖子竟然这么长,在海洋里可没有这样的生物。因为奇奇对长颈鹿很好奇,翔龙就陪着他停留了一会儿,只见长颈鹿不紧不慢地吃着嫩树叶,动作优雅又高贵。

翔龙看了一会儿就开始分神了,因为他已经在电视上见过长颈鹿,就没有奇奇那么好奇了。他心不在焉地四处打量着,忽然灌木丛旁边几十米外一丛茂盛的杂草引起了他的注意,里面有一个鬼鬼祟祟的身影在晃动。

海上丝绸之路大冒险

翔龙盯着草丛仔细看了一会儿，等他看清草丛里闪动的身影时，不由吃惊地叫了起来："呀——狮子来了，长颈鹿快跑呀。"显然，这只狮子想偷袭正在专心吃树叶的长颈鹿。

"狮子！什么是狮子呀？"奇奇当然也没有见过非洲草原上凶猛的狮子，他好奇地问道。

"你快看那片草丛，里面隐藏着一只大雄狮呢，他们是非洲大陆上最可怕的捕食者，就像海里吃人不吐骨头的鲨鱼。"翔龙为了给奇奇说清楚，举了一个很形象的例子。

马达加斯加海滩上的狂欢节

一听狮子像鲨鱼一样凶残，奇奇立刻为还在专心吃树叶的长颈鹿着急起来。"快跑啊，狮子要来吃你啦——"他朝着岸上大喊。可是他离长颈鹿的距离有些远，声音刚送出没多远，就被哗啦作响的海浪声湮没了。

奇奇急得在水里来回转圈，就在这时，草丛里的狮子发动了攻击，只见他一跃而起，如一道棕色闪电般扑向伸着长脖子的长颈鹿，脖子上浓密的鬃毛像旗帜一般迎风飘扬。

如果不是他要吃优雅的长颈鹿，奇奇一定会喜欢这头雄狮的，因为他实在太威风漂亮了，可是现在善良的奇奇只能为可怜的长颈鹿担心。

"快跑，快跑呀，狮子来啦——"奇奇焦急得不断跃出水面，朝岸上大喊。

翔龙就没有奇奇那么着急，因为他知道一只狮子——哪怕是一头威猛的雄狮——也不能把一只成年长颈鹿怎么样，因为长颈鹿有很凌厉有效的反击本领。

果然，听觉灵敏的长颈鹿长长的大耳朵已经听见了身后草丛里传来的轻微跑动声，当雄狮快要扑到长颈鹿屁股后面的时候，只见他迅速回头，观察了一下攻击者的情况，见已经来不及逃跑，于是岔开两条后腿站在原地，做好了应战的准备。

猛地腾空而起,张着血盆大口向长颈鹿防护最薄弱的屁股狠狠咬去。

"呀——"奇奇吓得差点把眼睛闭上,他觉得这只长颈鹿肯定在劫难逃了。

可让他意外的是,在狮子快要咬到长颈鹿尾部的时候,只见长颈鹿猛地用两条长而有力的后腿向扑来的狮子踢了过去,差点就踢中雄狮的头部,自然对方可怕的攻击也被化解了。

"呀——原来长颈鹿还有这样的本事啊!"奇奇惊讶地张大了嘴巴,现在他觉得自己的担心完全是多余的,看起来很温顺的长颈鹿也挺厉害的嘛。

接下来的战局发展印证了奇奇的判断,只见雄狮数次凶猛的进攻都被长颈鹿有力的飞踢化解,好几次长颈鹿都差点踢中雄狮的要害部位,有次还几乎踢到了雄狮的腰部,让它狼狈地在草地上打了好几个滚。

多次进攻都没有效果,反而差点受伤,开始气势汹汹的雄狮明显有点退缩了,趁着对手松懈的时候,长颈鹿终于找到了逃跑的时机,只见他撒开四蹄飞奔向草原的深处,动作轻盈又优雅。

"哦——长颈鹿获胜啰——"见优雅的长颈鹿终于逃脱了危险,奇奇开心地欢呼起来。

没有吃到美味的狮子懒散地在草丛里一趴,闭目养起了精神，准备下次伏击，奇奇和翔龙则继续他俩的旅行。

"翔龙，我们还去哪里游览呀？"因为最后一个城市也快参观完了，奇奇问好朋友。

"嗯——我来看看。"翔龙拿出地图，在上面一条细细的虚线指向非洲大陆最南端的好望角。这条航线明显和他们之前旅行的线路不同，因为之前的线路都是实线。

"奇奇，我们下一站到这里游玩吧。"翔龙指着好望角和奇奇商议道。翔龙明白地图上虚线的意思——大英雄郑和的船队是否到过好望角是有争议的。

"好啊。"奇奇很开心地同意了。既然出来游玩，当然要尽量多去一些地方啰，也许大英雄郑和确实去过那里呢。

按照地图的指示，他俩要前往好望角需要先通过一道狭窄的海峡——莫桑比克海峡，这是细长的马达加斯加岛和非洲大陆之间形成的一道又窄又深的海峡，是世界上最长的海峡。

在莫桑比克海峡的入口处，他俩经过一片群岛——科摩罗群岛的时候，眼尖的奇奇忽然在前方幽暗的海水中发现了一个奇怪的身影在不紧不慢地游动。只见他个头非常大，足有2米的样子，身体浑圆，全身披着暗色的鳞片，身体两侧长着8个强壮的鳍，其中最前面的两个像人的两只手。最特别的是对方的尾巴，又宽又扁，形状像一把长矛的枪尖，在边缘还生长着一圈流苏状的尾鳍片。

"那是什么？"奇奇见对方长相非常怪异，谨慎低声地问翔龙。

"不知道，总之不是讨厌的鲨鱼。"这是翔龙唯一能给好朋友的比较宽心的回答。

圣城麦加

麦加是伊斯兰教的第一圣地，因为是伊斯兰教创始人穆罕默德的诞生地而受到无数信徒的顶礼膜拜。它坐落在沙特阿拉伯西部赛拉特山区一条狭窄的山谷里，面积不到760平方千米，人口约179万，四周群山环抱、层峦叠嶂，景色非常壮丽。

马达加斯加海滩上的狂欢节

莫桑比克海峡有多长?

莫桑比克海峡全长1670千米,呈东北斜向西南走向,是世界上最长的海峡。海峡位于西印度洋上,东边为马达加斯加岛,西边为非洲大陆的莫桑比克,这也是它名字的由来。据地质学家研究,约在1亿年前,马达加斯加岛和非洲大陆是连在一起的,后来在东非地壳运动时发生断裂与非洲大陆分离,岛的西部下沉,形成了巨大的地堑海峡,即这条又长又宽的海峡。

越过海峡北端的科摩罗群岛,就进入了莫桑比克海峡。海峡形状为两端宽中间窄,平均宽度为450千米,最宽处达到960千米,最窄处为386千米。海峡内大部分水深在2000米以上,最深处超过3500米,深度仅次于德雷克海峡和巴士海峡。峡内海水表面年平均温度在20℃以上,气候炎热多雨,夏季经常刮起可怕的飓风。

莫桑比克海峡两岸地形复杂,在靠近马达加斯加岛的西北岸为基岩海岸,蜿蜒曲折,穿插着珊瑚礁和

火山岛。在临近非洲大陆的一边,多为沙质冲积海岸,形成了沙洲和河口三角洲,在赞比西河口两侧,还生长着大片的红树林,形成了独特的红树林海岸。

由于水深峡阔,莫桑比克海峡可为巨型轮船提供天然优良的航道。在海峡内,还盛产龙虾、对虾和海参等珍贵的海洋水产。

二、大海中的孤岛

对方的身影看起来好像不怎么友善,奇奇和翔龙决定悄悄游过去,免得招惹不必要的麻烦。

虽然他俩小心翼翼,可是周围实在是太安静了,也许翔龙划水的动作稍微大了点,哗哗的水流声惊动了大怪鱼,只见他猛然回头,一双黑洞洞的眼睛探照灯般盯上了奇奇和翔龙。

"啊——"

猝不及防的奇奇被吓得叫了出来,因为对方的长相实在太吓人了,只见他大张着嘴,满嘴锋利的牙齿清晰可见,再加上少见怪异的外表,乍一看真像深海里出没的怪物。

翔龙一看情况不妙,刚要带着奇奇拔腿就跑,可是大怪鱼的动作更快,只见他摆动着巨大的圆扁尾巴,一个原地启动冲刺,如同一道褐色的闪电划过幽蓝的海水,奇奇和翔龙只觉得眼前一花,大怪鱼强壮的身体就横拦在他俩前进的路上了。

"两个小家伙,为什么见了我就要跑,我很可怕吗?"大怪鱼似乎对奇奇和翔龙的反应很不满,瞪着一

双冰冷的眼睛看着他俩问道。

"没……没有啊,我们觉得可能路走错了,所以想走另外一边。"翔龙没办法,只能硬着头皮解释道。

"真的是这样?"大怪鱼摆动着手状的两条长鳍,绕着他俩游了一圈,语气明显是不相信。

"是……是这样的,我们没有骗你。"奇奇也有些结巴地帮腔道,不过他的话似乎有点不打自招。

"那你们想去哪儿?"大怪鱼似乎并不想轻易放过他俩,继续刨根问底道。

矛尾鱼

马达加斯加海滩上的狂欢节

"去好望角。"翔龙对周围的地形并不熟悉,想撒谎也找不出合适的地方,只好如实回答。

"去那干什么?"大怪鱼似乎对他俩越来越感兴趣,步步逼问道。

事已至此,翔龙没有办法,为了不节外生枝,只好老老实实回答:"我们是到那儿去旅游的。"

听说他俩是来旅游的,大怪鱼更来了兴致,他上下仔细打量了奇奇和翔龙一番,很自信地开口道:"一看你们就是外来的,跟我说说,你们都到过哪些地方。"

见对方的口气十分强硬,翔龙只好把他和奇奇一路的经历简要叙述了一遍,大怪鱼似乎很喜欢听,只见他微微侧着身子轻轻摆动鱼鳍,停在海水中一动不动。

"没想到你们两个小家伙还真不简单呀。"听完翔龙的讲述,大怪鱼竟然有些羡慕地称赞起他俩来。

见大怪鱼表扬自己,机灵的奇奇意识到对方未必像看起来那么可怕,他大着胆子问道:"请问你是谁呀?"

"我嘛,"大怪鱼很潇洒地一摆尾巴在海水中转了一个圈,一脸自豪地说道,"我是海洋中最古老的居民,我的名字叫矛尾鱼,因为我浑身的鳞片坚硬得像一副盔甲,大家都叫我铁甲。"

大怪鱼一边说一边骄傲地在翔龙和奇奇的面前游来游去，展示他全身厚实的鳞片。在海面光线的折射下，他全身的鳞片散发着金属色泽的光芒，确实很像一副刀枪不入的铠甲。

原来大怪鱼铁甲是一条极其珍贵的矛尾鱼，他们三角形的尾巴非常像一杆长矛的枪尖，所以得了这个名字，是海洋中有名的活化石。

矛尾鱼铁甲虽然相貌长得吓人，不过心地并不坏，他只是太无聊了，在海洋中四处闲逛的时候，正好遇见翔龙和奇奇，见他俩看见自己好像看见鬼一样，吓得掉头就跑，所以来了小脾气，这才把他俩拦住的。

误会解除了，大家轻松地闲聊起来。

"铁甲先生，我们走的路没错吧？"偶识了一位当地的朋友，翔龙想顺便问下路倒也挺不错的。

"没错，不过你们要是沿着看见我之后逃跑的路走，就走岔了。"有人陪自己聊天，矛尾鱼铁甲的心情很不错，和两位新朋友开起了玩笑。

"嘿嘿，嘿嘿……"

奇奇和翔龙互相看了一眼，同时不好意思地笑了起来。

"你们要径直前往好望角吗？我们这里的风景也很

不错呢，值得好好游览一番。"铁甲热心地建议道。

"哦——铁甲先生，你说的这个美丽的地方在哪里呀？"奇奇一听来了兴趣，赶忙追问道。

"就在前方不远东南方向的大海里，那里有一座面积很大的岛屿，名字叫马达加斯加岛，不仅海水清澈透亮，风景如画，岛上也有许多可看的稀奇古怪的东西呢。"矛尾鱼铁甲久居此地，对周围的情况非常了解。听说许多景观是在岛上，奇奇觉得有些为难，因为他不能离水上岸呀。

"铁甲先生，我想我是没法看到你说的这些了，真遗憾。"他有些失望地说道。

"没关系，岛上有一种形状奇怪的树，名字叫猴面包树，它们长得非常高大，粗壮的树干就像一个超级大的圆木桶，站在海边也可以看见。"见奇奇有些失望，热心的铁甲赶忙安慰他。

"真的吗，铁甲先生？"听说还有这么奇怪的大树，立刻激起了奇奇的好奇心。

"是的。不过其他事物就要看你们的运气了，比如岛上有一种非常美丽的猴子，他们的尾巴上长着一圈圈的圆环，如果碰巧他们在海滩上活动，你们就可以看见了，我就是在环游海岛的时候看见的。"为了安抚奇奇有些低落的心情，铁甲又热心地说道。

海上丝绸之路大冒险

"奇奇,别担心,我们的运气一向都非常好,肯定有机会看见。"翔龙也给好朋友鼓劲。

"是啊,没错。"奇奇又重新兴高采烈起来。

时候不早了,翔龙和奇奇正打算和矛尾鱼铁甲告别,然后前往他推荐的马达加斯加岛游玩一番,这时前方的水里几个巨大的黑影一闪,转眼间几个身影就来到他们的面前,模样和铁甲都差不多,是他矛尾鱼家族的同伴。

"铁甲老弟,你在和谁说话呀?"新来的矛尾鱼和铁甲都认识,领头的一个特别强壮的矛尾鱼一边打量翔龙和奇奇,一边好奇地问道。

马达加斯加海滩上的狂欢节

"是刚认识的朋友,他俩可真了不起,从很远的地方到这儿来旅行呢。"铁甲简单地和同伴们介绍道。他可没有这个耐心从如何得到大英雄郑和的航海图说起,把翔龙给他讲的故事都重复一遍。

好在他的同伴们对翔龙和奇奇的旅行经历并没有什么兴趣,大个矛尾鱼也很快就对奇奇、翔龙没有了好奇心,他转头对铁甲说道:"老弟,我们几个正准备去玩游戏呢,你要不要加入呀?"

"好啊,几位哥哥,我当然愿意参加了。"铁甲很开心地答应了,好像他的同伴邀请他参加的是一场非常有趣的游戏。

他转过头对翔龙和奇奇说道:"你们也一起参加吧,反正你们是来旅行的,正好一道玩玩。"

他们的对话激起了翔龙和奇奇非常强烈的好奇心,他们不知道矛尾鱼们要玩的是什么游戏,不过从他们个个跃跃欲试的表情来看,一定是一种非常好玩的游戏。

"好啊,谢谢你的邀请。"奇奇看了一眼翔龙,见翔龙冲他点了点头,便立刻答应了。

"那我们走吧。"大个矛尾鱼说着,转身带头朝海峡深处游去。

刚才因为铁甲的同伴们都在,奇奇没好意思问他到底是什么游戏。等游了一会儿,就他们仨跟在后面,奇奇抓住机会问道:"铁甲先生,你们要玩的是什么游戏呀?"

"嘿嘿,一会儿你就知道啦,这可是我们矛尾鱼最喜欢的一个集体游戏了。"铁甲并没有直接回答奇奇,他神神秘秘的样子更加激起了奇奇和翔龙的好奇。

在前方的海水中出现一大群银白色的身影后,领头的大个矛尾鱼停止了前进。"兄弟们,各就各位,激动人心的游戏就要开始了。"他回头兴奋地对同伴们说道。

见老大发话了,矛尾鱼们立刻分散开来,悄悄向前方大群的银白色身影潜游过去。铁甲见同伴们都开始行动了,他也不甘落后,匆匆回头和奇奇、翔龙说了一声"你们在旁边看着就行了",便转身朝前方的同伴们追了过去。

奇奇定睛看去,原来那一大群银白色身影是一群自由自在游动的小型鱿鱼,只见他们在清亮的海水中优雅地扇动着透明的翼鳍,并没有意识到一群身强体壮的矛尾鱼正在向他们逼近。

"铁甲和他的同伴们想干什么呀?"观察了半天,奇奇并没有觉得这群鱿鱼有什么特别,不知道矛尾鱼们所说的有趣的游戏会是什么。

马达加斯加海滩上的狂欢节

"也许这些可怜的鱿鱼就是他们的'有趣游戏'呢。"翔龙毕竟见识多些,他从矛尾鱼们隐藏的行动已经看出了一些端倪。

"你是说——他们想捕食鱿鱼们?"奇奇也觉得有些不对劲,但他还是被自己忽然冒出的想法吓了一大跳。

"我看除了这个原因没有其他解释了。"翔龙面无表情地回答道。

就在他俩悄声议论的时候,矛尾鱼们已经悄悄接近了目标,在大个矛尾鱼的带领下,他们忽然发动了袭击,只见一道道暗色的身影像一发发射出的炮弹一般,转瞬间就冲到了鱿鱼群边。

鱿鱼们的反应很快,他们立刻四散奔逃。可是他们哪里是矛尾鱼的对手,只见矛尾鱼猛烈摆动圆扁的大尾巴,在强大的推动力下,以百米冲刺的速度,张开大嘴,恶狠狠地咬向吓破了胆的猎物。

眨眼的工夫,几乎每个矛尾鱼猎手都有了收获,只见他们紧紧闭合的嘴里鱿鱼们长长的触须在无力地摆动着,转眼就消失不见了——被无情地吞进了肚子。

铁甲更厉害,他竟然一口咬中了两条倒霉的鱿鱼,只见他头部一阵猛烈的摇摆,把两条鱿鱼晃晕,然后不客气地一口吞下了肚子,动作干净又利索。

如果是平时，奇奇肯定会为新朋友铁甲的优异表现大声喝彩，可是现在他只觉得后脑勺一阵阵发凉。

"翔龙，我们还是快点离开这里吧，我害怕。"奇奇小声和翔龙说道。

"好的，我们现在就走，动作轻点，不要惊动他们。"虽然奇奇没说害怕什么，不过翔龙看着面前大屠杀的场面，他当然明白，所以立刻同意了。

两个小伙伴慢慢地向后退，等退出一段距离，他们几乎同时转身，箭一般向海峡深处游去。

在他俩的身后，矛尾鱼们依然疯狂地在玩他们的"游戏"——不断地追击、吞噬，根本没人注意不告而别的奇奇和翔龙。

"太可怕了，幸好我们不是鱿鱼。"等游出去很远，身后可怕的场景再也看不到了，奇奇才心有余悸地说道。

"是啊，没想到他们说的游戏是这个。"翔龙也感慨道。不过这在浩瀚的海洋也很正常，这原本就是个弱肉强食的不讲理的世界，就如同他俩和大多数的海洋居民都害怕凶残的鲨鱼一样。

"那我们现在要去哪里呀？"奇奇的心被吓得还一个劲儿怦怦跳呢，他现在对铁甲的话多少有点疑虑。

"我们还是去马达加斯加岛游玩吧。"翔龙明白奇

马达加斯加海滩上的狂欢节

奇的意思，不过他觉得铁甲还是挺实在的，应该没有欺骗他们。

"好的。"奇奇点头同意了。

他们现在在莫桑比克海峡入口的里面一点，他俩辨认了一下方向后朝铁甲说的东南方向游去了。

游出了很远后，在前边探路的翔龙忽然兴奋地大喊起来："奇奇，快看，马达加斯加岛，我们到了。"

奇奇听了抬头一望，果然，在前方蔚蓝的海水中，一座一眼看不到两头的岛屿出现在视线中，只见岛上满眼绿色，树木郁郁葱葱，果然像铁甲说的，风景非常美丽。

"哈——翔龙，我们快过去看看。"说着，奇奇像箭一般朝马达加斯加岛游去，在他的身后，是一串翻腾的快乐的浪花。

"奇奇，等等我。"翔龙边喊边跟在奇奇身后，向岛屿的方向游去。

开斋节

　　开斋节具体时间是伊斯兰教历的10月1日,在中国新疆维吾尔自治区称为肉孜节。开斋节是伊斯兰教重要的节日之一,全世界穆斯林都很重视这个日子。在节日这天,人们会沐浴、刷牙,用最美的衣服把自己打扮一新,去清真寺举行会礼仪式等庆祝活动,而后互祝节日快乐、幸福。

矛尾鱼为什么被称为活化石?

　　矛尾鱼是腔棘鱼目矛尾鱼科的唯一物种,是唯一现生的肉鳍鱼类,故被称为活化石。一度科学家们认为地球上的肉鳍鱼已经全部灭绝了,但是1938年有渔民在东非科摩罗群岛附近的海域捕鱼时,竟然发现了活体,后又多次在同一海域成功捕获,从而证实这个

马达加斯加海滩上的狂欢节

物种并没有灭绝。

矛尾鱼长度可达2米左右,重量达90千克。矛尾鱼呈长梭形,躯体粗,头大,口宽,牙齿锐利。躯体覆盖大而薄的椭圆形圆鳞,体表粗糙。尾鳍外形近似矛状,3叶,由一个中心小叶将整个尾鳍平分为上下两部分,所以定名为矛尾鱼。

矛尾鱼目前主要分布于非洲南部的东南沿海,一般生活在200~400米深的海水中,根据其内耳石年轮估计,寿命为80~100岁。矛尾鱼是典型的机会主义者,主要猎食乌贼、鱿鱼、线鳗、小鲨鱼及其他深海鱼类。它们可以头向下游泳,甚至向后或腹部向上游泳来寻找猎物。

和现在常见的鱼类一样,矛尾鱼也有鱼鳔,但是很小,没有呼吸功能,只能起调节鱼体在水中比重的作用,这也是表明它远古居民身份的证据之一。

三、寻找猴面包树

来到海岛前,只见一大片细软洁白的沙滩展现在他俩面前,更远处,近海而生的树林里静悄悄的,只有细长的枝条在不断吹拂的海风中自由摇摆,和着哗啦哗啦的浪涛拍岸声,翩翩起舞。

"呀——这里的风景真是美极了!"奇奇看着海滩上优美的风景由衷赞叹道,现在他觉得铁甲确实够朋友,并没有欺骗他们。

"嗯——这里的风景确实挺好。"一路走来,翔龙看惯了阿拉伯半岛和非洲大陆满眼的土黄色,忽然眼前出现这么一大片赏心悦目的婆娑绿色,还真是有点不习惯呢。

"不知道铁甲说的奇怪的猴面包树在哪里呢?"奇奇努力把脑袋高高地探出水面,朝岸上张望,在一片绿色中寻找那奇特的木桶树。

只见最靠近海滩边生长的是高大挺拔的椰子树,更远点的就是一些不知名的杂树,铁甲说的猴面包树根本不见踪影。

"奇怪,怎么没有猴面包树呀?"一心想看猴面包

马达加斯加海滩上的狂欢节

树的奇奇有些失望地嘀咕道。

"奇奇,你太心急了,我们刚到这里,这座海岛这么大,铁甲既然说能看见,肯定就能看见的。"翔龙安慰道。

"嘻嘻,是啊,我们要是环岛一周,肯定能看见。"奇奇扭头看看两边一眼望不到头的漫长海岸,也觉得是自己太心急了,不好意思地笑了起来。

"那我们朝海岸的哪边走呢?"奇奇边看向沙滩的两边,边问翔龙的意见。

翔龙没有急着回答,而是拿出地图研究了一番——马达加斯加岛是一座东北朝西南走向的狭长海岛,整个形状像一片细长的树叶。

"奇奇,我们还是朝前走吧,这样不仅可以离好望角近点,还可以避开他们。"翔龙收好地图,指着右边的西南方向说道。

虽然翔龙没有明说"他们"是谁,不过奇奇明白,如果走另一边,就等于是走回头路,万一碰到矛尾鱼们,可让人心里感觉不怎么舒服,虽然铁甲待他俩还不错。

"好,就这么办。"奇奇同意了,兴冲冲地沿着海岸朝前方游去——他迫不及待地想看看那奇特的猴面包树。

一路行进，满目青翠，风景如画，让人丝毫不觉得是在干旱少雨的非洲。

"哈哈，这儿可真是一个好地方，咱们真要好好谢谢铁甲。"翔龙一边欣赏岸上的风景，一边开心地说道。可不，如果没有铁甲的推荐，海峡这么宽，马达加斯加——这座印度洋中的孤岛，多半就要和他俩擦肩而过了。

游着游着，水流忽然湍急起来，而且耳边还传来一阵"轰隆轰隆"的响声，似乎是有什么东西从高处冲入海里发出的撞击声。

"翔龙，怎么回事？"奇奇有些担心地问道。

"不知道，我们过去看看。"翔龙也不知道状况，他带头朝声音传来的地方游去。

他俩离得越近，声音越大，轰——轰——似乎是水流互相撞击的声响。

转过一道小小的礁石，一片水雾迎面扑来，溅了没有准备的翔龙一头一脸。

"呀——真壮观啊！"翔龙惊叹道。

"翔龙，你看到了什么呀？"奇奇离翔龙还有几步，他见翔龙这么激动，着急地问道。

"瀑布，一条美丽的瀑布。"翔龙回头答道。

说话间，奇奇也赶了上来，他定睛一看，只见一道

马达加斯加海滩上的狂欢节

银链般的瀑布从海岸边的一块礁石上飞泻而下,直冲入蔚蓝的海水中,溅起一片片云雾状的水雾,在阳光的折射下,变幻出谜一般瑰丽的色彩。瀑布的水流挺大,再加上礁石挺拔高耸,距离海面足有好几米,所以发出的水流撞击声特别大,在安静的海上可以传出很远。

"呀——这里还有瀑布呀,可真奇怪。"奇奇随口说道。

可不,在干旱的非洲地区,淡水可是最珍贵的资源,不要说湖泊了,小河都难得一见,可是这里竟然还有瀑布。

翔龙比较有经验,他抬头朝岸上观察了一会儿,只见沿岸都是一些低矮的山丘,地表植物茂盛,而且地势明显远高近低。

"我明白了,这多半是因为暴雨形成的临时性瀑布。"他像个大侦探似的推测道。

"对对对,我的老家也这样。"翔龙一提醒,奇奇也想起来了,在他的故乡长江,每次大雨过后,江边地势高些的地方都会形成一些临时的小瀑布,他第一次遇见努力练习跳龙门的小鲤鱼,可不就是在这样的瀑布边嘛!

翔龙猜测的没错,这里昨晚半夜确实下了一场很大的暴风雨,到凌晨才渐渐停息。大量的雨水来不及渗入地下,就顺着地表向着低洼的地方流,从一股股细小的水流汇成一条条小溪,再变成一条波涛汹涌的小河,直到从岩石上飞泻而下,变成一条非常有气势的瀑布。

就在他俩观赏雨水瀑布美景的时候,耳边忽然响起一阵细微的呼救声:"救命啊——救命啊——"

声音非常细小,几乎湮没在轰隆隆的水流声中,如果不仔细听,很可能被忽略,以为不过是海风刮过的呜咽而已。

"谁在喊救命啊?"奇奇扭头朝海面上张望了一

下，只见海面上空荡荡的，根本看不到有谁溺水的迹象。

"不知道是谁。"翔龙也听见了，但是他也没有看见喊救命的人。

就在他俩四下张望的时候，一截多半已经枯死，还残留着几片黄绿色树叶的小树枝随着瀑布形成的水流漂到他们的面前，这时喊救命的声音更清晰地传到他俩的耳中。

奇奇和翔龙终于听清了，求救的声音就来自漂浮的小树枝，他俩定睛朝小树枝看去，只见一个全身黑红相间的小虫子正紧紧抓住在浪涛中时沉时浮的小树枝拼命地喊救命呢。

小虫子长得很奇特，只见他身子小小的，呈椭圆形，最特别的是脖子，非常细长，如同一架起重机的吊臂，简直可以说是虫子界的长颈鹿。

"别害怕，我们来救你。"善良的奇奇当然不会见死不救，他立刻朝小树枝游了过去。

"奇奇，我来帮你。"翔龙也热心地喊道。

长脖子小虫很小，奇奇用嘴把小树枝衔起来，然后放在赶来增援的翔龙的背上。翔龙宽厚的背甲可比随波逐流的小树枝稳当多了，小虫子立刻爬了上去，一副惊魂未定的样子。

等长脖子小虫情绪稳定了些,奇奇好奇地问道:"你是谁呀?怎么会漂到这里?"

"谢谢你们救了我。"长脖子小虫很懂礼貌,他首先感谢了奇奇和翔龙对他的施救。

"我的名字叫长颈象鼻虫,家就住在岸上的一片小树林里。"他接着道。

"哈哈——这个名字可真适合你。"有些调皮的翔龙扭着长脖子和背上的临时乘客开玩笑道。

"是的,我们象鼻虫家族成员很多,只有我们拥有这样美丽的长脖子。"看起来长颈象鼻虫对他独特的长脖子很自豪。

马达加斯加海滩上的狂欢节

根据长颈象鼻虫的讲述,原来今早起来,他想查看一下昨晚暴雨形成的水势,于是爬上了家附近的一根树枝。可是他攀爬的是一根已经被蚂蚁们从中间蛀空的半枯的树枝,在一夜暴风雨中早就摇摇欲坠了,在他快要爬到树梢的时候,正好这时一阵强风吹来,树枝一下从中间折断了,连带着他一起掉入了湍急的水流中。

激流一路裹挟着小树枝向下游冲,虽然他拼命挣扎,想爬到安全的地方,可是和波涛汹涌的水流相比,他的力量实在太小了,直到被冲下瀑布掉落到海里,如果没有遇到奇奇和翔龙,他还不知道要被海风刮到哪里去呢。

"我们这就送你回家。"听完长颈象鼻虫惊心动魄的漂流记,奇奇善解人意地安慰道。

绕过浪花四溅的瀑布,翔龙和奇奇找了一个地势平缓的沙滩,翔龙有些笨拙地爬上了岸。

"这里很安全,快点回家去吧。"翔龙扭头和背上的长颈象鼻虫说道。

"谢谢你们。"长颈象鼻虫麻利地从翔龙的背上爬到地面,干燥厚实的沙地又让他恢复了活力。

"再见,朋友。"翔龙重新回到海里,和奇奇一起跟岸上刚认识的新朋友告别。

"祝你们旅途愉快。"长颈象鼻虫已经知道他俩是来旅行的，于是热情地送上了最真诚的祝福。

两个好朋友继续沿着海岸向前游，鬼主意多的翔龙又想出了新的游戏玩法。

"奇奇，我们来比赛潜水怎么样，看谁潜得深。"原来翔龙看烦了岸上千篇一律的景色，想找点刺激的。

"可我们还没有找到猴面包树呢。"奇奇念念不忘他的大木桶树，感觉要是看不到，他晚上都会睡不着的。

"前边海岸还长着呢，总会看到的，我们就潜一会儿，一小会儿行吗？"翔龙玩心大起，孩子气地恳求起奇奇来。

"那——好吧。"奇奇犹豫了一下便答应了，他觉得翔龙说得也有道理。

"嘻嘻——奇奇，快来追我呀。"翔龙说着，一猛子扎入水里，几个有力的划动，身影就隐入了深蓝色的海水里。

"翔龙，等等我。"奇奇生怕翔龙丢下自己，赶紧追了过去。

现在他们所处的海岸是一片断崖峭壁，下面的水特别深，两个好朋友嘻嘻哈哈一路你追我赶，不知不觉已经下潜了好几百米，连头顶太阳毒辣的阳光都隐约不见了，周围的光线变得十分暗淡。

马达加斯加海滩上的狂欢节

"翔龙,我们回去吧,我害怕。"看着周围漆黑的环境,奇奇忽然心里觉得有点发毛。

"好吧。"翔龙也觉得漆黑的海水有些吓人,于是决定结束这次的潜水游戏。

他们上升了几十米,直到头顶的光线又重新照亮周围,他俩才都长舒了一口气。就在这时,忽然一个发着光的物体从奇奇的眼前一闪而过,照得他眼前一花。

"翔龙,你看见了吗?"奇奇有些紧张地问身边的好朋友。

"看见了,好像是一个长着翅膀的奇怪家伙。"翔龙也看见了那个发光体,他一边四下寻找那个闪了一下就不见了的东西,一边说道。

"不……不会是深海怪物吧。"一想到海洋深处那些奇模怪样的生物,奇奇就觉得后脑勺一个劲冒凉气。

"别害怕,有我呢,哪有那么多的可怕怪物啊!"翔龙觉得那个发光体个头挺小,就算是怪物自己也不怕,所以自我打气道。

"嘻嘻——你们是在找我吗?"

就在翔龙和奇奇四下张望的时候,一个长相超级可爱的小家伙忽然出现在他俩的面前,只见他长着两只大大的"耳朵",看起来像极了一头可爱的迷你小象。

"你是谁呀,长得可真可爱。"看清了对方的长相,奇奇一下就不害怕了,而且还很喜欢面前的这个小家伙。

"嘻嘻——我的学名叫烟灰蛸,因为我们的身上长着两只像大象耳朵一样的肉鳍,又喜欢生活在大海深处,大家更习惯称呼我们为深海小飞象。"原来这个可爱的小家伙是小飞象章鱼,难怪外表看起来像一头微型小象呢。

"你看见矛尾鱼们可要躲远点,他们最喜欢吃鱿鱼了。"奇奇看小飞象章鱼的外观多少有些像鱿鱼,好心提醒道。

"嘻嘻,我又不是鱿鱼,而且我们平时都住在黑乎

马达加斯加海滩上的狂欢节

乎的海底，根本碰不到他们。我今天是出来散心的，这才被你们看到了。"小飞象章鱼笑眯眯地回答道，看来他真是一个乐观的小家伙，根本没把无处不在的危险放在心上。

"总之你要当心点。"奇奇非常喜欢可爱的小飞象章鱼，他可不希望这么萌的新朋友被吃鱿鱼大餐吃红了眼的矛尾鱼们一口误吞了。

告别了可爱的小飞象章鱼，两个好朋友继续前进，不知不觉他俩来到了一大片地势平坦的干旱平原地区。

"奇奇快看，猴面包树。"靠近海岸一侧的翔龙忽然高高地昂着头看着陆地，一脸兴奋地叫道。

奇奇看向沿海陆地，果然，在接近地平线的地方，一棵高大粗壮的大树屹立在黄绿色的平原上，虽然他从来没有见过猴面包树，不过从大树那膨胀得几乎变形的粗大树干来判断，奇奇断定，这就是他和翔龙一路找寻的猴面包树。

"哈哈——我终于看到猴面包树了，它长得可真高呀！"奇奇激动得差点从水里跳了起来。

宰牲节

宰牲节又称古尔邦节，也是穆斯林世界一个非常重要的节日。宰牲意为献牲，即宰杀牲畜献祭的意思。宰牲节的时间为每年教历的12月10日。这一天除宰牲献祭外，还要到清真寺举行会礼等节日活动。在这期间世界五大洲的数以百万计的穆斯林们云集在圣城麦加，进行游转天房，在萨法与麦尔卧两山之间奔跑，露宿米那山谷等活动。

猴面包树的奇怪名字是怎么来的？

猴面包树是非洲大陆上一种非常独特的高大落叶乔木，它们体型高大，常高达数十米，在地势广阔平缓的非洲大陆上，往往一眼就可以看到，是一种地标性的植物。

猴面包树主干非常粗壮，大多呈圆柱形的酒瓶状，

马达加斯加海滩上的狂欢节

常常十几个人手挽手都围绕不过来。它的树冠巨大，树权千奇百怪，酷似树根，树形壮观；果实巨大如足球，甘甜汁多，是猴子、狒狒、大象等动物最喜欢的食物。当果实成熟的时候，猴子们就会成群结队而来，爬上树去摘果子吃，猴面包树的名字便由此而来。

猴面包树是植物界的寿星老儿，即使在非洲大陆干旱恶劣的环境中，其寿命仍可达5 000年左右。据有关资料记载，18世纪的法国著名植物学家阿当松在非洲见到的猴面包树中，最老的一棵已活了5 500年。由于当地民间传说猴面包树是圣树，它也因此受到了人们的保护。

猴面包树为了能够顺利度过旱季，木质非常疏松，这种木质最利于储水。在雨季，它的木质部像多孔的海绵，大量吸收并贮存水分，而当旱季来临时，为了减少水分蒸发，它又会迅速脱光身上所有的叶子。在水分充足的时候，猴面包树又会长出叶子，开出很大的白色花朵。据说，它能储存几千公斤的水，简直可以称为干旱草原上的水塔了。

猴面包树有8个不同的品种，分布在整个非洲大陆的各个角落，包括马达加斯加岛。8种猴面包树全部都能在马达加斯加岛见到，其中的7种是在马达加斯加所独有的。

四、海滩上的奇怪活动

终于看到了猴面包树,奇奇高兴坏了,他觉得这种大树果然名不虚传:它体型粗壮高大,高可达三四十米,圆桶状的树干几十个人也不见得抱得过来,简直就是马达加斯加草原上的绿巨人。

"铁甲确实没有说谎,猴面包树真的值得一看。"翔龙看着远处造型奇特的大树摇头晃脑道。

"是啊,真要好好感谢他呢,如果没有他,这样的风景我们就错过了。"实际奇奇还是挺喜欢矛尾鱼铁甲这个朋友的,如果他们能不那么无情地对待可怜的鱿鱼们,善良的奇奇一定会更喜欢他们的。

"现在就等着看尾巴上有圆环的猴子们了,如果再看见他们,我们这次的环岛之旅就圆满了。"翔龙的脑子转得很快,刚看到猴面包树,他又想起了铁甲说的美丽的猴子了。

"咦——这种树叫猴面包树,尾巴上长圆环的是猴子,他们之间是不是有某种联系呀?"奇奇听了翔龙的话突发奇想道。

"嗯——你的想法很有道理,说不定这种尾巴上有

圆环的猴子最喜欢吃猴面包树结的果实呢。"翔龙很赞同奇奇的说法。

他俩一起瞪大眼睛朝远处的猴面包树看，虽然大树体型巨大，树冠的枝叶也不十分浓密，可是离得太远了，想看清它结的果实的样子，还真不容易。

"真可惜，要是再近点就好了。"奇奇仔细瞅了半天，眼睛都瞪酸了，可还是没看清猴面包树的果实是什么样，他有些遗憾地说道。

"奇奇，没事，前边说不定可以遇到离海边更近的猴面包树，这样我们就可以看清了。"翔龙安慰他道。

"嗯——"事实如此,奇奇也只好接受现实了。

虽然翔龙可以上岸,可是大树离得如此远,头顶的太阳又炙热如火炉,在陆地上行动笨拙的翔龙说不定还没有爬到树下,就被热辣辣的太阳晒成海龟干了。

又欣赏了一会儿远处的大树,他俩继续沿着海岸前进,想去寻找一棵离海岸更近些的猴面包树,看看它的果实到底是什么样的。

可是眼看着太阳都西斜了,下一棵猴面包树也没有出现,满心期待的奇奇有些沉不住气了。

"翔龙,不会海边就那一棵猴面包树吧?"奇奇有些紧张地问道。

"不好说,奇奇,万一前边看不到猴面包树了,你可不许哭鼻子哟。"调皮的翔龙怕奇奇失望,故意开玩笑事先给他打预防针。

"切——人家才没有那么幼稚呢,我已经长大了。"奇奇有些不屑地一撇嘴,经过这一段时间的长途旅行,他确实成熟了许多。

他俩轻松地互相打趣着,忽然前方出现了一大片植物茂盛的沙滩。

"奇奇,快看,那里有许多树,我们去找找有没有猴面包树。"

马达加斯加海滩上的狂欢节

"好的。"

两个好朋友肩并肩,径直朝前方的沙滩游去,离沙滩还有几十米的时候,眼尖的奇奇忽然惊讶地说道:"咦——沙滩上那些是什么呀?"

只见在沙滩上,许多身影在忙忙碌碌,他们不断在旁边的树林和沙滩间往返,或单独行动,或三五成群,似乎在忙活什么事情。

望着他们高高翘起的尾巴上的那些醒目的黑白相间的圆环,翔龙忽然反应过来。"尾巴上有圆环的美丽猴子!奇奇,这就是铁甲说的马达加斯加岛上另外一种稀罕的居民呢。"翔龙有些激动地说道。

奇奇这时也明白过来,可不,这不就是他们一直想看见的岛上的另外一道美丽的风景吗?

"翔龙,我们快点过去。"

"好嘞。"

等他俩来到近处,看得更清楚了,只见这些身影真是特别美丽:他们体形修长,身材匀称,两条后腿特别粗壮,可以自如地站着走路;脑袋和身体相比不是很大,圆圆的,一双大大的黄眼睛竟然配着一圈乌黑的黑眼圈,看起来特别滑稽;最显眼的当然是他们那长达一米的大尾巴了,上面长着10多个黑白分明的圆环,高高抬起的时候,如同举着一根装饰精美的毛皮棒子。

只见这些美丽的海岛精灵不停地在沙滩和树林间忙活着,似乎还有分工:一些负责运输,不断从树林里抬出一些粗大的树枝和细长的藤蔓;有的负责建造,用树枝在沙滩上搭起好几座木架,然后用藤蔓固定,有高有矮,形状还不一样;还有一些在用沙子堆砌一座沙台,上面再覆盖搭建木架修整下来的枝叶,让沙台的表面更结实一些;甚至还有一位监工,不停地在同伴中间来回巡视,遇到有偷懒的就上去冲他低吼几声。总之大家各司其职,每个人都在快乐地忙碌着。

"他们在干吗呀?"面对眼前一片热火朝天的"沙滩工地",奇奇有些傻眼,他求救似的问身边的翔龙。

"不知道。"翔龙很干脆地回答道。他心想:"我又不是活神仙,也是第一次看见他们,奇奇你还真以为我什么都知道呀。"

沙滩上的猴子们工作得专心致志,根本没人注意在不远的海岸边,还有两双好奇的眼睛在一直紧盯着他们,那神情好像在看一出有趣的大戏。

"我们去问问吧。"奇奇被强烈的好奇心折磨得实在难受,他跟翔龙提议,想去询问海滩上忙碌的海岛精灵。

"好吧。"翔龙觉得这些美丽的猴子应该不会对他

马达加斯加海滩上的狂欢节

俩有什么危险,于是同意了。

他们正准备靠近沙滩,这时猴群中一只特别美的猴子大叫了一声,那是一只体格健壮的母猴,看样子是这群海岛精灵的头领。

听见大母猴的叫声,沙滩上所有忙碌的猴子好像得到了命令,他们忽然都停下了手中的活儿,跟在大母猴的后面,高高翘着美丽的尾巴,一路欢快地互相嬉闹着钻入了茂密的树林,眨眼间就不见了踪影。

"他们去哪里了啊?"看着空荡荡格外安静的沙滩,还有散落在沙滩上各种还没有完工的工程,奇奇还以为自己刚才看到的都是幻觉。

"天晚了,我想他们肯定是回去休息了。"翔龙冷静地说道。

奇奇这才注意到,不知什么时候天色已经暗淡了下来,他扭头看向西边,只见红彤彤的太阳已经有一大半沉没在海水里,眼看就要完全看不见了。

"呀——天已经要黑了啊。"他这才惊觉夜晚即将来临,这一天的经历异常丰富,让他们都忘记时间的流逝了。

"可不。"翔龙一脸深沉地耸了耸肩。

"那我们也找个地方休息吧。"奇奇说道。

今晚奇奇和翔龙就住在沙滩附近的一块暗礁边,

因为他俩都对这群猴子的奇怪举动很好奇,想搞清他们在沙滩上搭建这些设施到底想干什么。根据他俩的估计,第二天这些猴子肯定还会再来,到时候一定要问问他们。

夜晚很宁静,一直吹拂的海风也不知什么时候停了,一轮圆圆的蛋黄月高挂在天上,柔和的月光洒在海面上,把平坦的沙滩照得一片朦胧,好像飘浮着一层细柔的轻纱。

"真美呀。"看着眼前安静祥和的世界,翔龙满足地呼吸了一口新鲜的空气,空气中都带着一股淡淡的香味,这可能是附近树林里夜晚开放的花朵弥散过来的花香。

奇奇看着天上皎洁的月光也想抒发一下愉悦的心情,他张嘴正要说话,只见翔龙忽然朝他做了一个安静的手势。

"嘘——"

"怎么了,翔龙?"奇奇没有明白同伴的意思,不解地看着翔龙。

"别说话,快听听沙滩上。"翔龙忽然变得神神秘秘的。

奇奇抬头看了看沙滩,沙滩上因为堆了许多树枝等建筑材料,显得很杂乱,虽然月光很明亮,但依然看不清，他又侧耳倾听了一会儿，耳边除了海浪轻轻拍击沙滩发出的"哗啦——哗啦——"声外，再无其他异常的声响。

"翔龙，我什么都没有听见呀。"

"你再仔细听听，沙滩上有动静。"

看着翔龙一本正经的样子，奇奇再次侧耳仔细聆听，这次他终于听见了，"唰啦——唰啦——"沙滩上有非常轻微的脚步声，似乎有东西在动作缓慢地爬过散落一地的树叶，如果不仔细分辨，很容易误认为是轻柔的海浪声。

"翔龙，我听见了，有东西在树叶上爬。这么晚了，会是谁呢？"奇奇一脸困惑地猜测道。

"不知道，反正不会是那些美丽的猴子，也不会是可怕的野兽。"翔龙很肯定地说道。

听翔龙这么说，奇奇开始愣了一下，不过他立刻就明白过来：那些美丽的猴子动作非常敏捷，他们才不会这么慢腾腾地走路呢；至于凶恶的野兽嘛，一般动作都比较迅疾，也不会这么慢性子。

轻微的脚步声时断时续，似乎走几步就要停歇一会儿，过了好半天都没有从那一片枝叶中现出身来。

"奇奇，要不我到沙滩上去看看吧。"翔龙实在等不下去了，反正夜晚的沙滩很安静，也没有什么危险，他想上岸去亲自探查一下。

"我要是也能上岸就好了，这样可以陪你一起去。"奇奇也想上岸去看看稀奇，瞧瞧到底是谁走路都这么慢性子，于是遗憾地说道。

就在翔龙游到岸边正准备上岸的时候，只见离他们最近的一堆树叶一阵窸窣响动，一个圆乎乎的身影忽然出现在他俩的面前。

身影个头并不大，大约只有一个足球大小，也有四条腿和一个背甲，原来是一只老乌龟。见是老乌龟，奇奇和翔龙这才明白，难怪他的动作这么慢呢——上了年纪的乌龟走路慢得可是能急死人的。

"你好啊，老爷爷。"见是远房亲戚，翔龙客气地打招呼道。

"你——好——"老乌龟说话和他走路一样慢腾腾的，感觉像放慢速度的磁带录音。

"你为什么晚上到沙滩上来呀，白天这里可热闹了，有许多尾巴上长圆环的猴子在这里搭架子修沙台，不过天一黑他们就都走了。"奇奇以为老乌龟和自己一样喜欢热闹，他有些遗憾地说道。

"哦——你说那些尾巴上有圆环的猴子呀，他们是环尾狐猴，就喜欢没事一大群凑在一起瞎闹腾。"听口

马达加斯加海滩上的狂欢节

气,老乌龟并不怎么喜欢热闹的场景。

不过从老乌龟的话里,奇奇和翔龙也搞清了傍晚看见的那些猴子的身份——环尾狐猴,一种只生活在马达加斯加岛的美丽生灵。

"乌龟爷爷,你不怕黑吗?"奇奇看了看漆黑的夜色,如果一个人,他晚上可不敢到处乱跑。

"哈哈哈——"老乌龟听了奇奇孩子气的话忽然大笑起来,"孩子,你要是活到我这把年纪,就不会怕黑了。夜里沙滩很安静,我想一个人散散步。"

"乌龟爷爷,那你活多大岁数了啊?"翔龙也好奇地插话道。

"唔——这个我可有点记不清了,我只记得出生那年,家旁边有棵猴面包树刚出苗,现在它长得几个人都抱不过来了,可能有上百年了吧。"老乌龟慢悠悠地说道。

听说个头不大的老乌龟年纪竟然这么大了,翔龙和奇奇都惊讶得张大了嘴巴。

"老爷爷,猴面包树我们见过,它长得可真高真粗呀。"好半天奇奇才反应过来接话道。

"嗯——猴面包树是这座岛上最高大的树木了,它开的白色花朵非常美,味道也好闻极了。"在猴面包树开花的季节,如果正好遇到强风暴,有些巨大的花朵会被吹落,这个时候老乌龟就会尽情享受这天赐美食,好像人类过节一样。

"老爷爷,我们一起到海里玩耍吧。"翔龙很喜欢和蔼的老乌龟,于是热情邀请道。

"对呀对呀,海水可清凉啦。"奇奇也帮忙说道。

"谢谢你们,不过我可不能下水,会被淹死的。"老乌龟慢腾腾说道。

原来老乌龟是一只陆龟,学名叫阿加诺卡龟,也是马达加斯加海岛上独有的一种乌龟居民。

"真遗憾。"听说老乌龟不能下水和他们一起玩耍,奇奇有些不开心。

夜深了,因为旅途的劳累,一阵阵困意如潮水一般

马达加斯加海滩上的狂欢节

向奇奇和翔龙袭来，不知什么时候，他俩沉沉睡去，而老乌龟则悠闲地在沙滩上慢腾腾地散步，独享着这美丽月夜中宁静的海滩。

木骨都束

木骨都束是一个古国的名字，具体位置在今天非洲东海岸索马里的摩加迪沙一带，郑和的船队曾经两次到访这里。木骨都束海港是个非常古老的海港，大约在公元7世纪的时候，阿拉伯人就在此开港，同各国进行贸易和文化交流，但遥远东方的使者一直到近千年后才第一次来到这里。

深海小飞象有多么罕见？

深海小飞象，就是小飞象章鱼，因其外貌酷似迪斯尼动画片中的小飞象而得名。这种章鱼生活在幽暗的深海，是章鱼大家族中数量稀少的种类之一，所以特别珍贵。直到2009年，人们才第一次发现它们可爱的模样。

据有关报道，当海洋生物学家在大西洋海域数百米深处首次发现这种体长约为20厘米的奇特章鱼时，立刻就被它可爱的模样迷住了。这种章鱼竟然有着类似迷你大象的外表——有两只超级巨大的"耳朵"和一个"长鼻子"，而且颜色鲜艳，憨态可掬。于是，科学家们就给这种在深海发现的罕见的章鱼赋予了迪斯尼动画片中小飞象这个可爱的名字。

想亲眼看见可爱的小飞象章鱼可不容易：它们主要生活在300到5 000米的深海，而且数量非常稀少。因此，除非你是一名海洋探险科学家，否则只能在电视或者图片中看见它们那超级可爱的模样了。

因为生活环境的变化，小飞象章鱼的身体也发生了显著的变异：在章鱼通常长有吸盘的地方，小飞象章鱼长的却是一种耀眼的发光器官。它们巧妙地利用这种发光器官来捕食或者吓退入侵者。一旦发现猎物靠近，小飞象章鱼就会立即抓住它，并通过身体所产生的一种黏液困住对方。科学家们还发现，当小飞象章鱼被打扰时，它们就会张开自己的腕足，尽可能地展露所有的发光器官，吓唬和赶走入侵者。

五、热情的邀请

第二天一觉醒来,独自在沙滩上漫步的乌龟爷爷已经不见了,看来他已经回到自己安静的家了。明媚的阳光温暖地照射在沙滩上,反射出一片金黄,美好的一天又开始了。

"我要是也能活到乌龟爷爷那么大岁数就好了。"想到长寿的老陆龟,奇奇有些羡慕地说道。

"放心吧,你这么善良,一定会长命百岁的。"翔龙嘻笑道。

"嘻嘻——你和陆龟爷爷是亲戚,一定也会长命百岁的。"奇奇也给最好的朋友送上祝福。

"那我们到一百岁的时候,还做最好的朋友。"翔龙开心地说道。

"嗯——"奇奇认真地点了点头。

就在他俩说贴心话的时候,岸边的树林里忽然传来一阵嬉闹的声音,紧接着一群高高竖着美丽环纹尾巴的狐猴出现在树林的边缘——昨天那些勤劳的建设者们又回到他们的工地来了。

"看——他们又回来了。"翔龙有些得意地说道,觉

海上丝绸之路大冒险

得自己真是料事如神,照这么下去,总有一天会赶上无所不知的海蛇娘的。

"咦——他们在干什么呀?"奇奇忽然惊讶地说道。

只见环尾狐猴们来到沙滩上并不急于工作,而是在头领——那只美丽的大母猴的带领下,都站在沙滩上,高举着相对短小的前肢,尽量舒展开身体,面朝太阳站着。狐猴群有一两百只狐猴,高贵的头领站在最前边,后面按照个头大小依次排列,井然有序。

"他们可真奇怪呀。"翔龙也不明白狐猴们这怪异行为的含义,他瞪大眼睛看着,生怕错过了任何精彩的片段。

可是狐猴们就这样一直奇怪地站着,偶尔还惬意地挠挠痒,似乎特别的舒服。

"呀——我知道了。"翔龙一惊一乍地喊道。

"你知道什么了?"正看得出神的奇奇被吓了一跳,有些不满地问道。

"他们一定是在祭拜伟大的太阳神呢!我在电视上看到过,许多原始部落的人就是这么做的。"翔龙有些神秘地说道。

祭拜太阳神!

这么稀奇的事情奇奇可是第一次听说,他更加专

马达加斯加海滩上的狂欢节

注地看起来，生怕错过了任何细节。

可是狐猴群并没有做其他更奇怪的举动，他们面朝太阳大约半个小时就自动解散了，又各自忙起昨天没完成的工作。

"我们过去吧。"奇奇对这群狐猴更好奇了，因为他俩休息的暗礁离沙滩有些远，狐猴们并没有注意到他们。

"好嘞。"

他俩正要游向岸边，一只高高站在树梢的狐猴忽然发出尖利的叫声，并拼命摇晃树枝。听到同伴的叫声和树枝晃动的响声，所有正在忙碌的狐猴忽然都停了下来，接着有些慌乱地在头领的带领下，纷纷跑向

离自己最近的大树，以最快的速度爬上了伸向天空的树梢。

"怎么了，发生了什么事？"看着四处逃窜的狐猴们，没有心理准备的奇奇一头雾水地问道。

"不知道，不过我想一定是有很可怕的事情发生了。"虽然翔龙也不明白原本快乐的狐猴们忽然如临大敌的原因，不过直觉告诉他一定有什么不同寻常的事情要发生。

见所有在树顶的狐猴们都探头探脑地紧盯着幽深的树林，奇奇和翔龙也一起看向那里，果然，寂静过后，树林里忽然钻出一个幽灵般的身影，动作敏捷而迅疾。

只见让狐猴群异常紧张的来客浑身深棕色，外形有些像美洲狮，不过体型小了许多。来客走走停停，他先是在沙滩上仔细嗅闻了一会儿，然后不住抬头朝狐猴们攀爬的树梢顶张望，张开的嘴巴里露出了几颗白森森的锋利牙齿。

"他是谁？他要干什么？"虽然奇奇已经觉察到陌生的拜访者不怀好意，不过善良的他总是不愿把事情往坏处想。

"呀——我知道了，这个家伙想捕食这些美丽的狐猴。"看看陌生野兽嘴里那可怕的牙齿，再看看树梢顶

马达加斯加海滩上的狂欢节

端狐猴们紧张的表情,翔龙忽然恍然大悟。

"啊——"

虽然他已经隐约猜到了来客的目的,但还是被翔龙可怕的话吓得叫出了声。

来客的听觉异常灵敏,奇奇的叫声显然被他听见了,只见他迅速扭头,朝海面上张望了一会儿,然后注意力再次被树上不断发出尖叫的狐猴群吸引。狐猴们因为全部的注意力都在树下的敌人身上,并没有留意到奇奇的叫声。

"奇奇,保持安静。"翔龙及时提醒同伴,当然,他俩在安全的海里,倒不用害怕陆地上的猛兽。

陌生猛兽四肢修长,每个脚趾上都长着长而尖利的趾甲,显然他也会爬树。只见他在大树下来回观察了一会儿,忽然一弓身,猛地蹿上树干,几个利索的起落,尖利的爪子就把树皮抓得簌簌掉了好几块,他则站在了大树最底层的一根树杈上。

"呀——他上树了。"

这下连翔龙都忍不住叫出了声。

"翔龙,狐猴们会不会有危险啊,我们快帮帮他们吧。"奇奇的心都提到嗓子眼了,急得在海里跳来跳去的,为树上那些美丽的精灵担心。

"奇奇,我们怎么帮呀。"翔龙也看出了情况紧急,

海上丝绸之路大冒险

可是这又不是在海里，难不成他俩还能上岸？但是如果冒险上岸，不要说搭救狐猴们了，就连自己也会陷入危险之中。就在他俩一筹莫展干着急的时候，陌生猛兽又顺着树干向上爬了好几米，离树梢顶部的狐猴群越来越近了。

"啊——"

奇奇吓得把头埋入了海水里，不敢再看了，他觉得这次肯定会有美丽的狐猴逃不过可怕猛兽的爪牙，再也看不到明天升起的明亮太阳了。

"奇奇，快看。"翔龙忽然兴奋地大叫起来。

虽然时间只是过去了短短的十几秒，可是奇奇觉得好像一个世纪那么漫长，听见翔龙激动的声音，关心狐猴群的他赶紧把脑袋重新探出水面，一边焦急地问道："怎么了？"

"嘻嘻，你自己看嘛。"

奇奇凝神看向大树，只见捕食猛兽又爬高了一点，离最近的狐猴只有十几米了。不过让奇奇惊喜的是，狐猴群开始反击了，只见他们充分利用身边的武器——从树枝上摘下许多圆溜溜质地坚硬的青果，雨点般砸向试图爬上树梢的敌人。在狐猴群的奋力反击下，猛兽显得有些狼狈，他不停地东躲西闪，想避开砸来的青果子弹。虽然猛兽的动作很敏捷，可还是被砸

马达加斯加海滩上的狂欢节

中了好几次,疼得这个家伙不断地低吼,令人恐惧的叫声在幽静的密林里回荡。

"砸,给我狠狠地砸——"奇奇开心得手舞足蹈,恨不得亲自上阵。

在狐猴群暴雨般的青果攻势下,捕食猛兽渐渐有些招架不住,他忽然掉头,准备仓皇逃跑了。

"哦——胜利啰——"

奇奇和翔龙一起高兴地在水里又跳又笑,好像是他俩打走了可怕猛兽似的。

可是他俩有些高兴得太早了,就在猛兽掉头准备下树逃走的时候,一只看起来只有七八个月大的小狐猴没有抓紧妈妈身边的树枝,竟然从上面滑落了下来,掉到离猛兽还有四五米的地方,才幸运地伸手抓住了一根救命的树枝。

"呀——"

狐猴群和奇奇、翔龙几乎同时发出了一声惊呼。

"快,快点爬上去呀!"奇奇急得又在水里上蹿下跳起来,恨不得自己上树把小狐猴托到安全的地方。

可是小狐猴实在太小了,他的力气很有限,再加上恐惧,细而嫩弱的胳膊只能勉强支撑身体的重量,使自己不会向下再掉落,根本没有多余的力气向上攀爬。

"翔龙,现在该怎么办呀,快救救他呀。"奇奇快急

哭了。

可是翔龙能有什么办法呀,他在陆地上爬行的动作笨拙得好像腿脚不便的老人,更别提上树了——你就是在他屁股后面放一条凶猛的鲨鱼追咬,他也没本事上树呀。

猛兽也发现了这个机会,他抬头死死盯着上方不远挂在树枝上的小狐猴,嘴里不断发出瘆人的低吼。小狐猴吓坏了,他细嫩的小手死死抓住树枝,同时嘴里不停地发出咿呀的叫声,似乎在向母亲和同伴求援。

看到孩子身陷危险之中,小狐猴母亲急坏了,她几次准备跳下去救小狐猴,又被猛兽充满威胁的吼叫逼了回来,只能着急地不断在树梢顶端尖利地大叫。

原本有些放松的气氛又一下紧张起来,就在恶兽弓身作势准备上扑,捕杀可怜的小狐猴时,只见一个敏捷的身影如闪电一般扑向小狐猴,在敌人还没有反应过来之前,她已经把小狐猴抱在了怀里,然后快速向树梢顶端爬去。

是狐猴头领,那只最美丽的大母狐猴,她不顾自己的危险救了小狐猴。见几乎到嘴的美味要飞了,猛兽非常愤怒,他怒吼一声向狐猴头领扑去。

因为抱着小狐猴,狐猴头领的动作显得有些笨拙,远没有平时灵活矫健,只见猛兽几个起落,就快要追

马达加斯加海滩上的狂欢节

上她了。

"快,快拦住他呀!"奇奇和翔龙急得同时大叫了起来。

狐猴群当然也看出了危险,他们再次发动青果攻势,只见一个个青果如同雨点般砸向紧追不舍的猛兽。

"嗷——"

一个公狐猴的青果瞄得非常准,正好砸中猛兽的右眼,只见他一声惨嚎,一下没有抓牢,像一根黄木头似的从树上连滚带爬地跌到了地上。好在沙地很细软,要不然这个凶残家伙的小命就要交待了。

吃了亏的猛兽没有心思再捕食狐猴们,他一瘸一拐地慢慢走向树林深处,可能很长时间都没有能力再威胁狐猴群了。

狐猴群很谨慎,敌人消失了很久,他们才在头领的带领下重新回到地面,沙滩上再次一片欣欣向荣起来。

虽然过程很惊险,但狐猴们对这一切早已习以为常——和捕食者之间的生存游戏也是生活的一部分,虽然有同伴会丧命,但狐猴群也会不断有新生命诞生,这就如同每天升起的太阳,虽然有乌云和暴雨会暂时遮蔽它的光芒,但光明是永恒的存在。

"翔龙,我们快点过去吧,真想早点认识这群勇敢团结的朋友们。"因为一场惊险的作战,现在奇奇更加

喜欢这群美丽的狐猴了。

"嗨——朋友们，你们好啊。"离得老远，奇奇就热情地招呼道。

奇奇的叫声立刻吸引了狐猴群的注意，大家纷纷围到了海岸边，一起向海里张望。

"哈——一条大怪鱼在跟我们打招呼呢。"一个胖乎乎的狐猴说道。

"喂——你是谁呀？"另一个瘦点儿的同伴问道。

在狐猴们好奇的注视下，奇奇和翔龙来到海岸边。"我是中华鲟奇奇，这是我的同伴翔龙，我们是一起来这儿旅游的。"奇奇主动介绍道。

"你们可真厉害，刚才你们如何把敌人打跑的我们都看见了。"翔龙也佩服地说道。

"哦，那是一只马岛獴，这些家伙是我们最大的敌人，我们有许多同伴都死在他们的手上。"胖狐猴很平静地说道，似乎在说一件和自己无关的事。

就在这时，狐猴群后边一个洪亮的声音喊道："女王陛下到。"紧接着，只见狐猴群向两侧一闪，母狐猴头领走了过来，原来她是这群狐猴的女王。在狐猴女王的旁边，紧跟着一个看起来就很机灵的公狐猴，年轻又帅气，正是那个监工。

"欢迎你们到这儿旅游。"狐猴女王热情大方地说道。

马达加斯加海滩上的狂欢节

"嘿嘿,朋友们,很高兴认识你们,我叫巴拉,女王陛下最忠实的仆人。"那个狐猴监工有些滑稽地说道。

"还有我,我叫莫莫。"那个死里逃生的小狐猴从妈妈的怀里挣脱出来,淘气地从狐猴女王的身后探出半个脸和奇奇、翔龙打招呼道。

"你们在这儿干什么呀?"奇奇打量着沙滩上那些还没有完工的工程,问出了他最关心的问题。

"我们在准备一年一度盛大的海滩狂欢节。"监工巴拉抢着说道,看来他不仅是狐猴女王最忠实的仆人,也是称职的新闻发言人呢。

海滩狂欢节!

这可是奇奇和翔龙听都没有听过的新鲜事。"我们也可以参加吗?"他俩几乎同时问道。

"当然,欢迎你们,我远道而来的朋友们。"狐猴女王热情地邀请道。

东非大裂谷

东非大裂谷是世界上最大的大陆断裂带,从卫星照片上看去犹如一道巨大的伤疤,所以有人形象地将其称为地球表皮上的一条大伤痕。东非大裂谷的整个形状呈不规则三角形,宽48~65千米,全长约6 500千米,最深达2000米,是世界最长的不连续谷。

郑和的船队在非洲发生了哪些事?

在信息相对闭塞的明朝,遥远的非洲大陆对于当

马达加斯加海滩上的狂欢节

时的人们来说，简直就是天边的地方——神秘又充满着吸引力。关于非洲的任何事情都可能引起巨大的轰动。

从郑和的船队第一次踏上非洲大陆开始，遥远的非洲大陆才慢慢揭开那层神秘的面纱。

郑和的船队一共7次下西洋，但并不是一开始就航行到了非洲大陆——一直到公元1413年第四次下西洋的时候，才第一次绕过阿拉伯半岛，航行到了东非的麻林（今肯尼亚马林迪）。在这里，郑和和他的船员们第一次看见了"麒麟"——非洲长颈鹿，并于1415年回国的时候带回了一只，结果引起了巨大的轰动。为了庆祝这件盛事，当时的皇帝还下令让宫廷画师为长颈鹿画了一幅名《瑞应麒麟颂》的画，流传后世。

1417年6月，郑和第五次下西洋，这次远航再次到达非洲大陆，并拜访了木骨都束、竹步、慢八撒等东非沿海地区，于1419年8月回国。

在非洲，郑和的船队除了宣扬中华的国威、带来远方古国人民的善意外，便是进行公平友好的贸易——各种精美的瓷器、丝绸等中华特产从明朝的商船上搬下，再源源不断地装上黄金、象牙和香料——这些都是当地的特产。

郑和的船队对东非沿海的访问是和平之旅，是平等贸易之旅,是友谊之旅,在非洲大陆沿海地区留下了丰富的、有着深远影响的历史文化遗产。当年,郑和的船队规模非常庞大,这也显示了当时的中国国力极其强盛。但郑和的船队并未以强凌弱,更未对非洲进行殖民征服,这与后来到非洲进行掠夺的西方探险船队形成了鲜明的对比。

六、盛大的海滩狂欢节

"谢谢你们的邀请。"奇奇和翔龙高兴得差点从水里跳了起来。

不过奇奇很快又有点高兴不起来了。"我……我不能上岸,没办法参加你们的狂欢节了。"他有些可怜巴巴地说道。

这倒是个问题,热情好客的主人们一时面面相觑,谁都没有说话。

头脑灵活的巴拉监工在海滩上来回转着圈子,他忽然开心地叫道:"哈——我想到了一个好主意。"

"什么好主意,我聪明的巴拉?"狐猴女王笑眯眯地问道,看来她和巴拉之间的关系很亲密。

"巴拉先生,你想到什么办法了?"最关心这个问题的奇奇心急地追问道。

"快说呀。"

"对,你快说呀。"

……

热心的狐猴们也为新朋友着急,他们七嘴八舌地催促同伴巴拉,一时沙滩上有些闹哄哄的。

"高贵的女王陛下,我尊贵的客人还有朋友们,这个主意就是我们在沙滩上挖一条水道,把海水引过来,这样我们的朋友就可以参加盛大的狂欢节了。"巴拉越说越激动,手舞足蹈的,好像这是天下最了不起的主意了。

挖一条水道!

这个主意可是很新奇,大家再次面面相觑,等着巴拉继续往下说。

"我们可以在沙滩上再挖一个水池,让水池和水道连接起来,这样我们就可以多个好玩刺激的节目——高台跳水,大家说怎么样啊?"巴拉很有鼓动性地高声问周围的同伴。

狐猴们都很喜欢玩水,他们一起大声欢呼起来:

"好啊,这个主意真是太好了。"

"对呀,这样我们的狂欢节就更热闹了。"

"我喜欢这个主意。"小狐猴莫莫兴奋得在沙地上又蹦又跳。

"谢谢你们。"看新朋友们这么热心,奇奇感动得差点哭了。

说干就干,一部分狐猴继续修建未完成的工程,其余的狐猴开始开挖水道,真是人多力量大,很快水道和水池就有了初步的模样。

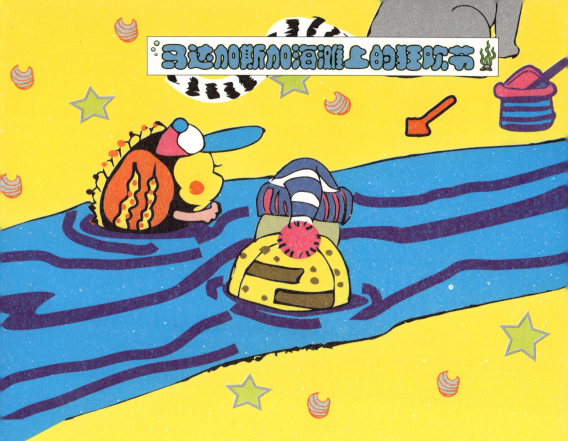

马达加斯加海滩上的狂欢节

"奇奇,我们也去帮忙。"为了让最好的朋友可以参加狐猴们的狂欢节,翔龙也是蛮拼的,他像孵蛋的母鸡一样趴在水道里,然后用铲子一样的四肢扒拉松软的沙子,让水道尽量深点,这样奇奇可以玩得更开心。

见朋友们为了自己都这么努力,奇奇也不愿做看客,他一会儿用嘴巴含满一大口的沙子,游到海里吐掉,一会儿又用大尾巴使劲在水道里搅动海水,希望水流可以急点,把沙子都冲走。

当又一个夜晚再次来临的时候,所有的准备工作都完成了,只等新的一天到来,那时欢乐热闹的狂欢节就正式开始了。

出于安全考虑，狐猴群在狐猴女王的带领下再次回到密林的深处，沙滩上只留下奇奇和翔龙。

"真期待呀。"看着满天的繁星，悠闲地在宽敞的水池里游来游去的奇奇有些不敢相信这一切是真的，他觉得好像在做一场神奇而美妙的梦。

"真没有想到，这差不多是我们旅行以来最疯狂的一次经历了。"翔龙也感叹道。

如果回家的时候把这些讲给南海的朋友们听，红鱼、小胖他们一定会惊讶得下巴都掉了的。

在无尽的期待中，明媚的朝阳再次升起，狐猴群重新回到海滩，而且带来了更多的朋友。高贵的狐猴女王脑袋和脖子上都戴着子民特地为她编织的美丽的花环，显得特别优雅大方。

"现在大家静一静，请高贵的女王陛下讲话。"监工巴拉今天又摇身一变成了狂欢节的主持，他等狐猴女王在铺满鲜花和绿叶的沙台王座上坐下后，站在沙台上朝大家叫道。生性活泼好动的巴拉是整个狐猴群的开心果，每次的海滩狂欢节都是由他主持的。

"嘻嘻，今天狐猴女王可真美丽。"水池就在沙台前方一点的地方，奇奇从水里探出脑袋，充满热情地看着沙台上的狐猴女王。

"是呀，今天可真热闹，我喜欢这样的场面。"长途

马达加斯加海滩上的狂欢节

旅行的寂寞让翔龙很珍惜眼前的欢乐。

"亲爱的朋友们,现在我宣布,我们的狂欢节正式开始了。"狐猴女王很理解大家迫切的心情,她优雅地一摆手,宣布狂欢节开幕了。

呜——哇——

沙滩上立刻一片欢腾,到处都是快乐的身影,按照惯例,现在是开场集体歌舞时间,大家尽情地唱啊跳啊,每个参加者的脸上都溢满了快乐的笑容和激动的表情。

小狐猴莫莫很喜欢奇奇和翔龙,很快他们仨就成了最亲密的朋友。看着在水池里快乐跳跃的奇奇和翔龙,莫莫明显有些羡慕,他先是在水池边试探性地伸一个脚趾头触碰了一下水面,可是脚下一滑,差点掉进水池里,吓得他赶紧后退。

"哈哈——"看着莫莫的狼狈样,翔龙没心没肺地笑了起来。

翔龙的嘲笑让莫莫有些生气,他气冲冲地把头扭了过去,不愿再看翔龙一眼,觉得这个新朋友真不怎么样。

善良的奇奇可不想让莫莫这个人见人爱的小家伙难过,他游到水池边,温柔地冲莫莫说道:"来吧,到我的背上来,我驮着你,肯定没事。"

翔龙想弥补自己刚才的无心之失,他也游到奇奇

身边,热情地说道:"还是到我的背上吧,我的背甲宽些,更舒服。"

莫莫毕竟是活泼好动的小狐猴,奇奇和翔龙的邀请对他充满了莫大的诱惑力,他立刻忘记了刚才的不愉快,欢天喜地地奔了过来。

和人类的小孩子一样,想玩水又有些怕水的莫莫先是小心翼翼地跳上了翔龙宽厚的背甲,翔龙带着他在水池里四处游动。后来他又大着胆子跳到了奇奇的背上,奇奇的后背可没有翔龙的背甲站着那么舒服,不过莫莫根本不在乎,因为速度更快更灵活的奇奇驮着他在水池里可以进行刺激的短池冲刺。每次借着冲

马达加斯加海滩上的狂欢节

力,在一片浪花飞溅中,莫莫都腾空而起,然后在空中进行一连串优美的翻转,再稳稳地站在沙地上。

"哇——我们的莫莫小宝贝真是太厉害了。"连坐在沙台宝座上的狐猴女王看见了莫莫精彩的表演都为他大声叫好起来。

得到了狐猴女王的夸奖,他俩更是对这个好玩的游戏乐此不疲了,一时间水池里波浪翻滚,笑声不断,和沙滩上热闹的场面交相辉映。

欢乐的开场集体热舞过后,主持人巴拉再次站到台前。"朋友们,现在进行我们的第一项比赛——空中秋千接力,获得优胜队伍的选手可以得到和尊贵的女王陛下共进晚餐的机会。"他神采飞扬地说道。

原来热闹欢乐的海滩狂欢节同时也是一场紧张激烈的竞技运动会,现场会举办许多有趣的比赛,狐猴们辛勤搭建的设施就是为游戏比赛准备的。

"现在欢迎参赛队伍进场。"随着巴拉大手一挥,参加空中秋千接力的3支队伍雄赳赳地走到赛场旁边。

空中秋千接力的比赛规则是,每支队伍有5名参赛选手,在4个分别相距8米的秋千架上,4个选手要把第5名队友从第一个秋千架依次传递到最后一个秋千架,最先到达的队伍获胜。

随着巴拉的一声令下,分工明确的3支队伍的比赛选手们迅速到位,他们各显神通,有的吊在横杆上,使出猴子捞月的姿势,双手抓住队友来回悠荡,然后奋力把队友甩出,飞向下一架秋千,再被等候接应的队友接住;有的干脆一手抓住攀缘的绳索,一手拉着队友,在秋千上来回荡悠,然后把队友甩出。

攀缘和在树干之间跳跃可是狐猴们的拿手本领,所以虽然秋千架之间的距离让人害怕,不过参赛的狐猴选手们却能在秋千之间姿势优美地不断飞跃,个个都表现得很轻松自如。

"加油——加油啊——"

大家都在为比赛的选手加油助威。

"加油——"

奇奇和翔龙也和大家一道为比赛的选手们加油,奇奇兴奋地不断跳出水面,翔龙更是激动地爬上了岸。

经过一番激烈的角逐,第3支队伍配合得更加默契,技高一筹的他们获得了最后的胜利。站在高高的领奖台上,美丽的狐猴少女献上鲜花,激动的队员们不断朝热烈欢呼的观众们挥手致意,憧憬着和狐猴女王共进晚餐的美好时刻。

"咳——要是我也能参加比赛站上领奖台就好了。"看着威风的狐猴英雄们,莫莫又羡慕又难过地叹气道。

"嘻嘻,那你就要快快长大哟,长成一个年轻强壮的狐猴勇士,到那时我相信你一定可以站上最高的领奖台。"奇奇有些开玩笑地说道。

"真的？"莫莫信以为真,他满眼期待地看着新朋友。

"真的。"奇奇也格外认真地点了点头。

接下来的比赛项目让本就火热的海滩又掀起了一个高潮,因为要进行的是年度狐猴美人比赛,获胜的选手——也就是今年最美的那位狐猴小姐,将有幸成为狐猴女王最亲近的侍女。随着主持人巴拉的一声令下,6位打扮得花枝招展的狐猴美女出场了,在台上姿态优雅地走来走去,不断搔首弄姿,有的还很奔放地朝观众抛着飞吻。

"嘿嘿,这个比赛我喜欢。"已经快要到青春期的翔龙看得心花怒放,口水流下来都不知道。

"姐姐加油,姐姐加油。"

狐猴美人中,有一位很疼爱莫莫的选手,她是莫莫的亲姐姐,所以小莫莫不遗余力地在沙滩上全力为姐姐加油助威。

"莫莫,你姐姐可真美呀。"看着台上风情万种的莫莫姐姐,奇奇真心夸奖道。

展示结束,莫莫的姐姐获得了胜利,狐猴女王亲自

给她戴上了鲜花编织的后冠,莫莫兴奋得连着在海滩上翻了好几个跟头。

乞力马扎罗山

乞力马扎罗山位于坦桑尼亚东北部及东非大裂谷以南约160千米处,是坦桑尼亚和肯尼亚的分水岭,非洲最高的山脉,同时它既是火山又是雪山。乞力马扎罗山素有"非洲屋脊"之称,主要由基博、马文济和希拉3个死火山构成。最高峰基博峰,海拔为5 895米,是非洲大陆最高点。

狐猴是马达加斯加岛上独有的吗?

狐猴是灵长目狐猴属动物的统称。本属下各种狐猴的体型差异很大,最小的侏儒狐猴和老鼠狐猴只有

马达加斯加海滩上的狂欢节

约13厘米长,而最大的领狐猴体长可达60厘米左右。不过不管是哪种狐猴,它们都有一个共同的特点——一双美丽的大眼睛,这让它们看起来特别招人喜欢。

狐猴目前生活在马达加斯加岛和邻近的科摩罗群岛上,可以说非洲的马达加斯加是狐猴们最后的避难所,除了这座岛屿和附近的海岛,这种长有一双美丽大眼睛的灵长类动物已经在地球上的其他地方消失了。

狐猴是动物进化史上的一个谜。它们所居住的唯一岛屿——马达加斯加在1.45亿年前就与非洲大陆分离了,这时第一种有胎盘的哺乳动物还没有诞生,所以狐猴的祖先应当是在此之后很久才出现在马达加斯加的。但到底是什么时候,目前的科学研究还没能给出确切的答案。

书中奇奇他们遇到的是环尾狐猴,这差不多是人们最熟悉的一种狐猴,也是最美的。环尾狐猴属于昼行性动物,并且是唯一一种在白天活动的狐猴。环尾狐猴性情温和,平时喜欢聚集在一起成群活动。活动的时候,环尾狐猴美丽的环尾经常高高地翘起,好像一面由黑白条纹组成的旗子,显得非常醒目;即使在较远的地方也能看见,这是环尾狐猴在草丛中或树林里彼此保持联系的信号。

环尾狐猴还有一个有趣的习性：每当太阳升到一定高度的时候，大家就摊开四肢，正面朝着太阳，使温暖的阳光洒满胸部、腹部、两臂和大腿，以驱赶夜里的寒气，因此人们把它们称作"太阳崇拜者"。在环尾狐猴的社会中，由雌狐猴负责指挥行动，雌狐猴和幼仔还享有优先生存的特权，这可能是在该地区没有大型的食肉动物，不需要依靠强壮的雄狐猴来保护群体的缘故。

七、圣物里隐藏的秘密

接下来的比赛更加紧张刺激,几乎让整个海滩都疯狂了,因为要进行的是年度狐猴勇士的角逐。

参赛选手是4位身强力壮、相貌英俊的狐猴小伙,他们一上台,观众们就沸腾了,连刚刚参加比赛的狐猴美人们,也激动地不住朝他们飞着香吻。

主持人巴拉这会儿更加卖力气,他一边充满激情地介绍4位勇士,一边围着他们做出各种滑稽搞笑的表情和动作,调动观众们的情绪,让大家的热情高涨得如同一个过度膨胀的气球,眼看就要爆炸了。

按照比赛规则,4位勇士将沿着4根藤蔓绳索爬上高高矗立的旗杆的顶端,在此过程中,他们可以互相攻击,把对手打落,谁最先摘下旗杆上的彩旗,谁就获得了狐猴勇士的称呼,将有幸成为女王陛下光荣护卫中的一员。

随着比赛的开始,4位选手身手敏捷地顺着各自的绳索向高耸的旗杆顶端爬去,在比赛进行过程中,不断有选手跳到对手的绳索上,试图把对方推落下去,一时间场上到处是飞跃的身影和狐猴小伙们互相争斗发出的尖利的叫声。

比赛场上竞争白热化，场下观众也激动得几乎疯狂，他们各自为喜欢的选手加油鼓劲，喧嚣的声浪盖过了大海的风浪。

"奇奇，你说谁会获得冠军呀？"翔龙觉得选手们的实力都差不多，于是问起了奇奇的看法。

"莫莫，你觉得谁会获胜呀？"奇奇很聪明，他又把问题抛给了莫莫，因为莫莫对选手们的情况更熟悉。

"我觉得会是黑帽卡罗哥哥。"莫莫不假思索地说道。

莫莫所说的黑帽卡罗，是一只头顶有一块黑色印记，看起来好像戴着一顶黑色帽子的年轻狐猴，他体格强壮，身手敏捷，此刻正和一个竞争对手激烈打斗，而且成功地把对手打落到了地上。

"对啊，莫莫，你说得没错，他真是很厉害呢。"奇奇兴奋地叫道——好朋友喜欢的，就是他支持的。

经过一番激烈的较量，最后果然黑帽卡罗获得了胜利，只见他站在高高的旗杆顶端，拿着彩旗不断朝支持者挥舞着，那姿势潇洒帅气极了，又引得狐猴美女们一阵更大声的尖叫。

如果是以前，比赛到这儿就结束了，不过今年有所不同，因为两位尊贵客人——奇奇和翔龙的到来，还

马达加斯加海滩上的狂欢节

要进行最后一场比赛——精彩的高台跳水。

对于跳水,狐猴们并不陌生,他们经常会在炎热的天气,从临海的树枝或者峭壁上跳入海中,洗个清凉的海水澡,不过说到比赛,这还是第一次呢,所以大家都没有经过专门的练习。

"莫莫,你也可以去参加,我觉得你一定行。"经过刚才的嬉戏,奇奇觉得新朋友在空中的姿势轻盈又优美,是个很有实力的选手。

"真的吗,你真的这么认为?"莫莫看着奇奇激动地问道。

"我相信你一定可以获胜。"跳水专家奇奇很有自信地点头道。

"莫莫,我也觉得你行。"翔龙也给好朋友鼓劲。

有了奇奇和翔龙的支持,小莫莫立刻信心百倍,他挺着小胸脯,加入到了等待跳水的选手队伍之中——他可是所有选手中个头和年龄最小的一位哦。

对于这个小不点的加入,其他选手都面露嘲笑,他们有意无意地把莫莫挤到了队伍的最后一位,如果不注意,还以为他是一个追星的小粉丝呢。

"莫莫加油,让他们看看你的本事。"对于好朋友受到的不公平待遇,奇奇很是生气,可是他只能在水池里给好朋友加油鼓劲。

海上丝绸之路大冒险

参加跳水比赛的选手一共有10位,他们依次踏上跳台——水池边一座高达10米的架子,准备比赛。

选手们都很努力,他们每个都拿出最大的本事,或者在空中进行连续的翻转,或者难度很大的转体,精彩的表现获得了大家热烈的掌声。当然也有不小心失误的倒霉蛋,像一块秤砣似的砸入水池中,溅起一片巨大的浪花,引起观众们一阵善意的哄笑。

奇奇和翔龙作为评委需要现场给选手们打分,他们对每一位选手的表演都看得很仔细,到目前为止,选手们最高的得分是9分。

终于轮到莫莫出场了,当莫莫小小的身影站上高台出现的一刹那,原来闹哄哄的海滩立刻安静了下来。

观众里一个狐猴大婶对身边的一位好姐妹惊讶地说道:"大妹子,快看呀,是小莫莫,你的儿子也去参加跳水了。"

狐猴大婶说的大妹子就是莫莫的妈妈,她今天来到海滩后不久就不知道淘气的儿子跑到哪里去了,没想到儿子竟然有勇气参加比赛,她高兴得流下了激动的眼泪。

"儿子,加油。"她泪眼婆娑地喊道。

"大妹子,你可真了不起,美丽的女儿获得了选美

马达加斯加海滩上的狂欢节

的冠军,现在连小儿子也这么有出息。"狐猴大婶一脸羡慕地说道。

喜欢恶作剧的主持人巴拉想和莫莫开个玩笑,他故意当作没看见,大声喊道:"还有没有人参加?如果没有了,我们就要宣布获胜者了。"

莫莫不知道巴拉是故意的,他急得朝他大叫"还有我",奇奇和翔龙也帮着大喊,巴拉这才假装看见,高声宣布道:"哦——还有最后一名选手,他就是我们年纪最小最勇敢的莫莫——大家欢迎他的精彩表演。"

哗——

海滩上响起了一阵热烈的掌声,连狐猴女王都优雅地为勇敢的小莫莫鼓起掌来。

在大家鼓励和期待目光的注视下,莫莫沉着地走到高台边,他先是伸头仔细地观察了一下,台子真高啊,看着让人有些头晕。下面,奇奇和翔龙在池子的边缘仰头看着上面,他们目光接触的一刹那,莫莫又重新鼓足了勇气。只见他后退了几步,深深吸了一口气,像和奇奇玩耍的那样,先快速跑向台边,借着冲力高高腾跃在空中,然后自如地翻腾、旋转、转体,动作轻盈而美妙,像一只在空中自由飞翔的小鸟,简直潇洒极了。

海上丝绸之路大冒险

随着"唰"的一声轻响,成功完成动作的莫莫跳入水中,水面只溅起很小的一朵浪花。

哗——

沙滩上先是静默了几秒,接着响起了雷鸣般的掌声。

"谁是跳水的冠军呀?"主持人巴拉激动地高喊道。

"是莫莫!""莫莫是冠军!"……

沙滩上回应起更大的喊声。

作为评委的奇奇和翔龙现在反倒成了看客,不过他们很快也加入了欢呼的人群。"10分!""完美!"……他俩激动地大喊。

翔龙让莫莫站在自己的背甲上,绕着水池来回游动,接受大家热烈的欢呼,莫莫像个得胜归来的大将

军，高高抬着头挺着胸，感觉自己一下就长大了，成了真正的狐猴勇士。

"我的儿子真是太棒了。"莫莫妈妈夹在人群中，看着威风的儿子高兴得一个劲掉眼泪。

狂欢节的高潮在最后时刻到来，只见主持人巴拉让全场肃静，然后新当选的狐猴勇士——黑帽卡罗庄严地从沙台后面捧出一个圆盘状的东西，走上沙台递给了狐猴女王。

狐猴女王双手接过圆盘，走到台边高高举过头顶："子民们，这是我们部落的圣物，它保佑我们不受凶残恶獴的侵害，现在大家一起祈祷吧，祈祷圣物保佑我们的部族永远兴旺繁荣。"

狐猴女王说得庄重而认真，她话音刚落，沙滩上所有的狐猴都面朝圣物跪倒在地，不住地磕头，嘴里一边念叨着请圣物保佑。

"莫莫，这是怎么回事呀？"奇奇和翔龙都看得一头雾水，在一片肃穆的气氛中，奇奇小声问道。

莫莫也学着大家的样儿跪在翔龙的背甲上，不住朝狐猴女王高举的圣物祈祷，见奇奇问自己，他小声说道："听妈妈说，这是我们的老祖宗几百年前得到的宝贝，它先是在海里，后来被海浪冲到了沙滩上。据老祖宗说，这个圣物可神奇了，只要有它的保佑，恶獴们就不会抓到我们,我们狐猴家族就可以一直在这里生存下去了。"

听了莫莫的话,奇奇和翔龙都有点半信半疑,翔龙仔细观察狐猴女王手中的圆盘,只见它的大小和一个菜碟差不多,可能年头太久远了,边上还破了一个豁口,在圆盘里,还对称地分布着两个青色长蛇一样的图案。

翔龙越看越觉得狐猴们的圣物很眼熟,好像在哪里见过。他盯着那两条青色"长蛇"又仔细研究了一番,忽然惊喜地叫道:"那是龙,两条龙,你们的圣物我认识,是我们家乡的东西。"

马达加斯加海滩上的狂欢节

翔龙的叫声非常大,而且沙滩上很安静,所有的人都听见了。听说他们的圣物来自翔龙的家乡,爱出风头的巴拉不满地斥责道:"朋友,这是我们老祖宗传下来的东西,已经好几百年了,怎么会是你家乡的东西呢?"实际他连翔龙的老家是哪里还没有搞清呢。

"是我们老家的,我看得很清楚,那就是龙,龙在我的家乡是最神圣的神兽。"翔龙坚持自己的看法。

奇奇从来没有见过龙,不过听翔龙和自己描述过,他认真观察了一下圆盘上的青色图案——头上长角,身子长长的,还有4个尖爪,也觉得翔龙说的是真的。"是我们家乡的。"他帮腔道。

狐猴女王睿智又稳重,她见翔龙和奇奇坚持这么说,知道他们一定不是乱说的,于是认真地问道:"朋友,你能把知道的告诉我们吗?"实际上她早就觉得圣物上的图案很奇怪,因为在马达加斯加岛上,可没有这样的生物。

"我能看一看你们的圣物吗?"因为离得远,难以看清楚,翔龙想近距离观察一下。

"可以,我的新勇士,把圣物拿给尊贵的客人。"狐猴女王很大方地答应了。

黑帽卡罗奉女王的命令,把圣物拿给水池里的翔龙,翔龙接过仔细看,等他看到圆盘的底部写着一个大大的"明"字时，忽然惊呼道："呀——奇奇，这个圆盘说不定是大英雄郑和的船运过来的呢。"

"翔龙，怎么回事呀？"奇奇不识字，不过他听说这个圆盘竟然和大英雄郑和有关，吃惊得差点把站在他背上的莫莫抖到水里。

"你看，圆盘底部写的这个字是'明'字，而大英雄郑和生活的朝代是明朝，他的船队又到过离这里不远的非洲大陆，这一切不是很清楚了吗？"翔龙此刻的大脑飞速运转，说话的思路非常清晰，而且逻辑很是严密。

"呀——真的呢，真的是大英雄郑和的船队运过来的。"奇奇认真地看了圆盘正面的龙形图案，又瞧了瞧底部的字，对翔龙的推测深信不疑。

翔龙和奇奇的对话让所有的狐猴完全听不懂，爱表现自己的巴拉实在忍不住了，只好低声下气地求教道："翔龙先生，请问你们说的大英雄郑和是谁呀？他的船队又是怎么回事？"

翔龙耐心地把郑和下西洋和他俩的故事讲述了一遍，所有的狐猴都聚拢到了水池边，听得如醉如痴，每当翔龙说到惊险的地方，他们都整齐地发出一声惊叹。

马达加斯加海滩上的狂欢节

尼罗河

尼罗河是一条流经非洲东部与北部的河流,自南向北注入地中海。尼罗河全长6 671千米,是世界上最长的河流。尼罗河有两条主要的支流,白尼罗河和青尼罗河。发源于埃塞俄比亚高原的青尼罗河是尼罗河下游主要的水源。在尼罗河中,居住着世界最凶猛的鳄鱼——尼罗鳄。

马达加斯加岛上最大的猛兽是什么?

因为马达加斯加岛(简称马岛)在很久以前就与非洲大陆分离,这造成了它相对封闭的动物进化进程。非洲草原上常见的狮子、花豹等大型猛兽在马岛上踪迹的消失,也让

生活在该岛的狐猴们安全了不少。

那么马达加斯加岛上最大的猛兽是什么呢？这就是书中曾经提到过的一种叫马岛獴的野兽。

马岛獴的外形很像一只小号的美洲狮，它们嘴部像狗，粗壮结实，体重十几公斤。马岛獴的体毛比较短，泛着棕红色的光芒，加上褐黄的眼珠，让它们看起来有一种很邪恶的感觉。马岛獴的腿比较粗短，非常强壮，它们的爪子可以伸缩，跑起来非常快，爬起树来也非常灵活。马岛獴有一条非常长的尾巴，接近一米，这让它们在爬树的时候，可以很轻易地保持平衡。

马岛獴又名隐肛狸、隐灵猫，是灵猫科中体型最大的成员之一，这也是它们具有高超的爬树技术的原因。实际马岛獴在树上待的时间要比在地上多，可以说是一种树栖动物。它们在密林中捕捉各种动物，包括小型哺乳动物、鸟类、爬行类，甚至还有昆虫，但它们最爱吃的食物就是可爱的狐猴，所以它们是马岛狐猴最大的天敌。

虽然马岛獴本身并没有天敌，但它们的生存依然受到威胁——因为生态破坏，现在马岛上的马岛獴总数已经不到2500只了。

八、划过夜空的黑手

"没想到我们的圣物竟然是这么伟大的英雄带来的,这真是太荣幸了。还有你们,我的两位朋友,你们也同样了不起。"听完讲述,巴拉一脸崇拜地看着翔龙和奇奇。

莫莫听完翔龙的话,觉得和这样两位了不起的人物是好朋友,他的小胸脯挺得更高了。

"我决定,晚上将举行盛大的篝火晚会来庆祝这样的盛事,同时欢迎我们最尊贵的两位客人,感谢他们给我们带来这样的好消息。"听说世代相传的部落圣物竟然这么大有来头,一向稳重的狐猴女王也激动地高声宣布道。

"女王陛下,这件事就交给你最忠诚的仆人巴拉我来办吧,我一定要让晚上的篝火照亮整个天空,让欢乐的歌声布满整个海洋。"机灵的巴拉立刻接话道。

"哦——举办篝火晚会啰——"

海滩上再次一片欢腾,小莫莫更是高兴得和奇奇又玩起了水池冲浪的游戏。

在离海滩不远的几块礁石间,一直有一双贼溜溜

海上丝绸之路大冒险

的大眼睛密切注视着海滩上的一举一动,当狐猴女王把圣物高举过头顶的时候,这双大眼睛瞬间就亮了,如同两只探照灯,放射出贪婪的光芒。

"哈——宝贝,多美的宝贝啊,你是我的,我一定要把你搞到手。""大眼睛"喃喃自语道。

当他听说狐猴们的圣物竟然这么非同凡响,激动得几乎要疯狂了,只见他在礁石后边兴奋地挥舞着长长的手臂,如同一个邪恶女巫凌乱飞舞的长发。

"嗯,篝火晚会,哼哼哼……"当狐猴女王宣布晚上要在海滩上举办一场热闹的篝火晚会时,"大眼睛"

章鱼

的眼神变得邪恶起来,他看看热闹的海滩,又看看通往沙台的水道,发出了一阵冷笑。之后他慢慢把身体沉入水中,然后消失不见了,水面上只留下几圈轻轻荡漾的细纹,很快就恢复了平静。

这时海滩上所有的人都在为晚上热闹的篝火晚会欢呼,并没有人注意到礁石后的这一幕,也不会意识到即将发生在圣物身上的离奇的怪事。

经过紧张的忙碌,在大家的期盼中,令人激动的夜晚来临了。好像为了让篝火晚会变得更绚烂些,知趣的月亮婆婆悄悄躲到了云朵后边,怎么着都不愿现身,只留下一些好奇的星星,在天空中眨着眼睛,瞧着热闹的海滩。

"现在我宣布——把篝火点起来。"随着狐猴女王的一声令下,明亮的篝火燃烧起来,红彤彤的火苗直蹿上半空,火光映红了大半个夜空。

"朋友们,让我们为伟大的圣物唱起来跳起来吧。"善于调动大家情绪的巴拉带头边唱边跳,热闹的海滩顿时变成了一片欢乐的海洋。

因为奇奇不能上岸,翔龙就在水里陪着他,不过他俩也没有闲着,因为快乐的小莫莫不时蹦着跳着经过水池的旁边,每次都会给他俩来段热烈奔放的舞蹈。

"奇奇,我们也来跳舞吧。"受到莫莫热情的感染,翔龙也不由自主地在水中扭动起身体来。

"嘻嘻,好呀。"奇奇立刻答应道,如果他可以上岸,那他早就忍不住了,一定早就跳到沙滩上和莫莫一起载歌载舞了。

在海滩和水池都沉浸在一片欢乐中的时候,他们为之欢庆的圣物——那只青花瓷盘,静静地躺在沙台上一座用绿叶鲜花装饰的祭台上,离水池只有很短的距离,几乎触手可及。

沙滩上的所有人都围着明亮的篝火尽情地欢跳,这时,白天那个鬼祟的"大眼睛"又像幽灵一般出现了,只见他谨慎地在礁石边露出脑袋,小心翼翼地朝沙滩上张望,当看到沙台上独自摆放的瓷盘时,他的眼睛猛的一亮。

"宝贝,我的宝贝,我来了。"说着,借着夜色的掩护,一道黑影从海水中掠过,向着新挖的水道游去。

来到水道前,"大眼睛"并没有着急进入,他先是探头探脑观察了一下海滩和水池里的情况,见狐猴们都在疯狂地唱歌跳舞,水池里的奇奇和翔龙也在跟着海滩上的节奏一起狂欢,他嘿嘿一阵冷笑,把头一低,重新没入水中,一道鬼魅般的黑影沿着水道向水池悄悄游了过去。

马达加斯加海滩上的狂欢节

水池里的奇奇和翔龙并没有意识到即将有一个怀着不可告人目的的家伙前来，他俩一边尽情欢跳着，一边说着话。

"翔龙，我今天真是太开心了。"

"是啊奇奇，简直就像是在做一个美丽的梦。"

"翔龙，我要是回去告诉红鱼、小胖他们，他们一定会羡慕我们的。"

"对啊，还有你的妈妈和兄弟姐妹们，嘻嘻。"

"翔龙，他们会不会认为我们在说谎呀？"奇奇一边和翔龙面对面跳着，一边扭头看了看沙滩上明亮的篝火——篝火边，高贵的狐猴女王、活泼的巴拉、可爱的莫莫……每个人的脸庞都被映得粉红，快乐荡漾在他们的脸上，一切都像在童话里一般，显得那么梦幻和浪漫。

"嗯——不好说，如果这不是我们亲身经历的，多半咱俩也会认为是假的呢。"翔龙认真地说道。

就在这个时候，高贵的狐猴女王在6位狐猴美人的伴舞下，绕着篝火跳起了热情奔放的舞蹈，她美丽的舞姿风情万种，把所有的子民都看傻了。

"天那，我高贵的女王，美丽的女王，你跳得实在是太美了，我的心都要融化了。"巴拉双手捧在胸口，一脸的陶醉。

"呀,狐猴女王在独舞呢,我们赶紧去看看。"奇奇激动地边说边和翔龙一起奔到水池边,聚精会神地朝岸上看去。

他俩可不知道,这是高贵的狐猴女王第一次在子民们的面前跳舞呢,这样的机会可是千载难逢。

在他俩转身朝岸上专心看狐猴女王跳舞的时候,"大眼睛"借着人影闪动形成的忽明忽暗的火光,像幽灵一般无声地穿过水池,来到沙台下面。他仔细观察了一下沙台上的情况,那里空荡荡的,一个看守的人都没有,正是下手的好时机。

"大眼睛"仔细计算了一下他和圆盘圣物之间的距离,从黑乎乎的海水中忽然飞出一条长蛇状的细长"绳索",那是他柔韧性极强的手臂,只见它在空中不断延伸,眨眼的工夫就伸到瓷盘上方,灵活地一卷,瓷盘就被手臂牢牢缠住了。"大眼睛"迅速收回手臂,只听"嚓"的一声轻响,瓷盘就没入黑洞洞的海水里,不见了踪影,这一切都做得神不知鬼不觉。

成功得手后,"大眼睛"得意地朝翔龙和奇奇的背影看了一眼——他俩此刻被狐猴女王妖娆的舞姿吸引,看得正来劲呢。一丝冷笑无声地浮现在"大眼睛"的嘴角,他把头一低,再次没入水中,带着狐猴们的宝贝悄无声息地游向无边的大海。

马达加斯加海滩上的狂欢节

不知不觉篝火已逐渐暗淡,原来已经到了深夜,该是散场的时候了。负责护送圣物回归原处的黑帽卡罗来到沙台上,想拿回圣物,他忽然傻了眼,紧接着一声惊恐的大叫回荡在整个海滩的上空:

"不好了,我们的圣物不见啦——"

这突如其来的叫声一下让海滩上欢乐的气氛凝固了,大家都站在原地,你望望我,我看看你,没反应过来到底发生了什么可怕的事情。

由于事发突然,狐猴女王没有听得太清楚,她有些困惑地问身边的巴拉:"巴拉,我们的圣物怎么了?"

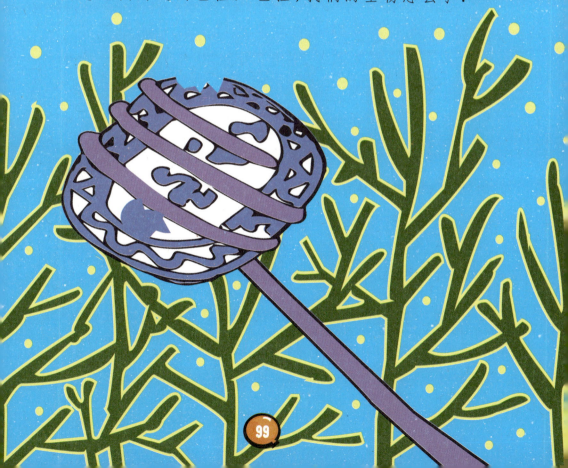

巴拉倒是听清了,他被这个消息吓得有点结巴了:"女……女王陛……下,好像我们的圣物不见了。"

"什么,我们的圣物不是好好地放在沙台上的吗?它又没有脚,怎么会不见了呢?"狐猴女王一下瞪大了美丽的眼睛,有点生气道。

"我的女王,我也不知道呀,我刚才一直陪在你身边呢。"巴拉生怕女王怪罪自己,赶紧解释不是自己的责任。

要知道圣物对狐猴群有着非同凡响的重要意义,狐猴女王可是把它看得比自己的生命都重要呢!

听说这么重要的圣物竟然突然不见了,狐猴群一下就乱了套,大家议论纷纷,海滩瞬间变成了一个嗡嗡作响的巨大蜂巢,刚才的欢乐气氛瞬间荡然无存。

狐猴女王赶紧带着众人回到放置圣物的沙台,果然,原本搁放圣物的地方空空荡荡的,只有装饰的一些鲜花和绿叶还在原地——圣物不翼而飞了,旁边站着的,是新当选的勇士,目瞪口呆的黑帽卡罗。

"黑帽卡罗,这是怎么回事?"狐猴女王急迫地问道。

"女王陛下,我也不知道,刚才看时间不早了,我想把圣物放归原处,可是一来就看到圣物不见了。"黑帽卡罗觉得自己犯了错,有些心惊胆战地说道。

马达加斯加海滩上的狂欢节

"谁能告诉我这到底是怎么回事,圣物到哪里去了?"狐猴女王发怒了——圣物莫名其妙丢失,确实让人生气。

"我的女王,我们应该问问两位贵客,他们离得最近,也许知道圣物消失的原因。"巴拉的脑子转得很快,他迅速分析了一下现场的形势,提出了自己的看法。

还别说,他的提议很有道理,狐猴女王立刻采纳了。

"尊贵的客人,你们看见圣物到哪去了吗?"狐猴女王满怀期待地看着水池里的奇奇和翔龙。

奇奇和翔龙面面相觑,实际他俩也被这个消息吓到了。

"我们刚才一直在看你们的歌舞,没有留意圣物。"奇奇如实回答道。虽然他俩一直在水池里,离圣物非常近,可是因为狐猴们的表演实在太精彩了,他俩看得全神贯注,根本没有注意到他俩身后发生的一切。

线索到这儿又断了,大家陷入一片沉默。

"也许是我们的敌人,某只恶獴干的吧?"一只阅历丰富的年长狐猴分析道。他的分析也有些道理——因为圣物的庇护,几百年来,恶獴们虽然一直想把他们杀光吃尽，可总是不能如愿，这也许就是圣物忽然丢失的原因。

"不会，如果是恶獴干的，地上一定会留下他们的脚印，可是现在什么痕迹都没有。"巴拉早就观察过放置圣物地方周围的情况，于是很肯定地说道。

"我也没有发现敌人来过的蛛丝马迹。"一直站在树梢高处负责放哨的哨兵汇报道。

"是的，那些坏蛋才不会来偷我们的宝贝呢，他们对我们更感兴趣。"一个自作聪明的家伙插话道。

这条线索也说不通，因为圣物好像是凭空消失的——它忽然长出了一对翅膀，不留一丝痕迹地从空中飞走了。

"天哪，这到底是怎么回事呀？"狐猴女王显得非常痛苦，她面朝黑沉沉的大海悲愤地呼喊道。

"圣物忽然消失，我们不会有厄运要降临了吧？"

"不好说，说不定明天恶獴们就会大举进攻，把我们全吃掉呢。"

"嘘——现在情况不明别瞎说，搞得挺吓人的。"

……

狐猴群也很惊慌，他们议论纷纷，说什么的都有，这些话传到狐猴女王的耳朵里，让她显得更加的悲伤。

一片乱糟糟中，不起眼的小不点莫莫忽然挤出了

马达加斯加海滩上的狂欢节

人群:"我……"他声音小小的,欲言又止,好像知道些什么。

"小莫莫,你是不是看见什么了?"巴拉的眼睛很贼,他一下就注意到了莫莫的奇怪表现。

"是……是的,我好像看见什么了,可是我也不能确定。"莫莫很犹豫地说道。

莫莫的话一下让大家安静了下来,每个人都紧盯着他,等待他揭开圣物突然离奇消失的谜底。

凤凰木

凤凰木在我国南方的广东等地非常常见,但实际上这种美丽的花树原产于马达加斯加岛,是非洲马达加斯加共和国的国树。凤凰木名字来源于它的花、叶,有"叶如飞凰之羽,花若丹凤之冠"的美称,开放的时候,一树红花相映着绿叶,美不胜收。

海上丝绸之路大冒险

郑和船队的船员在非洲有后裔吗?

如果说在遥远的非洲大陆，现在还有当年郑和船队船员的后代生活在那里，你相信吗？

这实际是真的，如今还有当年船员的后代生活在非洲肯尼亚的拉穆群岛一带。

几百年来，在当地一直有一个传说，传说在大约600年前，一艘中国商船在拉穆群岛附近的海域触礁沉没，20多名水手逃生到岸上，在南端的上加村登陆，从此在当地生活了下来。他们教当地黑人耕地种田，结网捕鱼，后来当地居民接纳了这些水手，与他们通婚生子，繁衍至今。

这个传说和当年郑和下西洋的历史遥相呼应：公元1413年，郑和第四次下西洋的时候，第一次绕过阿拉伯半岛，航行到了东非的麻林（今肯尼亚马林迪），并在回程的时候带回了一只"麒麟"——非洲长颈鹿。

为了更加详实地考证这段历史，2010年2月23日，中国国家博物馆、北京大学考古文博学院和肯尼

马达加斯加海滩上的狂欢节

亚国家博物馆举行签字仪式，双方合作对肯尼亚拉穆群岛及其周边水域水下文化遗存进行科学考古调查、勘探和发掘，对肯尼亚马林迪市及周边地区陆上古代遗址进行考古发掘，对以往肯尼亚沿海地区出土的中国文物进行调查研究。

虽然科学考察还在继续，不过已有好的消息传来：拉穆群岛上一个叫夏瑞福的肯尼亚女孩和她的家人，已经被证实是中国船员的后代，并且被国家教育部特批，可以来到中国学习。

九、危险的侦查

"莫莫,你快说,圣物到哪里去了?"巴拉心急地催促道。

"是啊,快把你看见的告诉我们。"狐猴女王也焦急地说道。

在大家的注视下,小莫莫变得扭捏起来,似乎有些害羞,哼唧了半天也没有说出个字来。

"哎呀,急死我了,莫莫,你倒是说话呀。"巴拉急得抓耳挠腮的,那样子很是滑稽。

莫莫妈妈看出了儿子的紧张,她从人群中挤了出来,把莫莫抱在怀里,轻轻抚摸他,温柔地说道:"孩子,快把你看见的告诉大家,这对于找回我们的圣物很重要。"

妈妈的鼓励让莫莫有了勇气,他抬头看着狐猴女王大声道:"我刚才看见从水池那边忽然飞出一条长蛇一样的手臂,可怕极了,肯定就是它把我们的宝贝卷走了。"

原来就在快散场前,莫莫忽然有些尿急,本来应该去无人的树林里方便,可是年纪还小的他怕黑,于是走

马达加斯加海滩上的狂欢节

到沙台边,想找个隐蔽的地方解决,正好看见了那诡异的一幕。被这么一吓,莫莫的尿意也没了,心一个劲儿怦怦跳,他赶紧跑回人群里。

实际莫莫也没有看清那个恐怖的长蛇状手臂干了什么,直到听说狐猴群的圣物丢了,他才明白自己看见的可能和圣物丢失有关。本来他想第一时间就告诉大家,可是怕人笑话他怕黑不敢一个人撒尿,再加上怪异的黑手是从水池的方向伸出的,而水池里是自己的两位好朋友——翔龙和奇奇,他怕牵连他俩,所以一直在犹豫要不要说出来。

可是莫莫的话还是连累了奇奇和翔龙,只见他话音刚落,狐猴们呼啦一下都围到了水池边,纷纷用怀疑的目光看着他俩。

"没想到是你们干的,快把我们的圣物交出来。"

"对,一定是他俩觉得我们的圣物珍贵,所以才偷走的。"

"不交出来就不让他俩走。"

……

一时间水池边愤怒的叫喊响成一片,几乎都要把奇奇和翔龙淹没了。

虽然子民们一直在愤怒地叫喊,但是狐猴女王并没有说话,她显然并不相信圣物会是奇奇和翔龙偷的。

海上丝绸之路大冒险

奇奇和翔龙觉得很委屈，他俩明明什么都没有干，却还是被怀疑，无端被冤枉的滋味真不好受。

虽然他俩对于好好放着的圣物为什么忽然消失一点头绪都没有，但是聪明的翔龙还是从莫莫的话里发现了疑点。

"你们看，我和奇奇都没有长着长蛇一样的手臂，怎么能偷放在那么高的地方的圣物呢？"翔龙一边挥动着短而宽的前肢给狐猴们看一边辩解道。

"我也没有，而且我不能离开水啊！"奇奇也摆动着短短的鱼鳍给大家看。

马达加斯加海滩上的狂欢节

翔龙和奇奇的话让喧嚷的狐猴群一下安静下来了——显然大家觉得他俩说的很有道理。

"我相信我的朋友,他俩绝不会偷我们的圣物的。"莫莫也站在水池边,眼神坚定地看着同伴们。

"谢谢你,莫莫,你真是我们的好朋友。"奇奇感激地说道。

"我相信两位尊贵的客人,我们的圣物绝不是他俩偷的,一定另有其他的坏蛋。"狐猴女王缓缓地说道,她的话等于给翔龙和奇奇解除了怀疑。

"谢谢你相信我们,我们一定帮你们把圣物找回来。"翔龙对狐猴女王的信任非常感动,他郑重地承诺道。

实际狐猴女王把翔龙和奇奇从小偷的名单里排除很简单——如果他俩想偷他们的宝贝,完全可以不说出圣物和大英雄郑和之间的关系,而且他们得手后应该马上逃走才是,没必要傻乎乎地待在水池里等着被发现。

"奇怪,那到底是谁偷走了我们的圣物呢?"巴拉眨巴着机灵的眼睛一脸的困惑。

"都怪我太不小心了,没有保护好我们的圣物。"黑帽卡罗也显得很懊恼。

"既然莫莫说看见长黑手是从水池边伸过来的,

那么小偷一定偷了宝贝后从水道里逃走了。"人群里一个脑子灵活的狐猴忽然大声说道。

他的话一下捅了马蜂窝,找不到小偷的狐猴们又把枪口对准了这件事。

"我早就觉得修这条水道会出事,怎么样,现在应验了吧。"

"是啊,没修的时候,我们的宝贝可从来没有丢过呀。"

"虽然不是他们偷的,可是他俩也有责任——如果他俩不参加我们的狂欢节,就不会发生这样的事。"

……

狐猴们七嘴八舌,又把宝贝丢失怪罪到了翔龙和奇奇的身上。

他们的说法也有一定的道理,虽然狐猴女王和莫莫都十分信任两位新朋友,可也没有足够的证据帮他俩开脱。

"呜呜……都怪我们,如果不修这条水道,我们不参加你们的狂欢会,就不会出现这样的事了。"奇奇忽然大声哭了起来,他觉得大家说的有道理,感觉非常自责。

见奇奇哭了,本来指责他们的狐猴们又不好意思

马达加斯加海滩上的狂欢节

起来,觉得做得有些过分了,他们纷纷过来安慰哭得一把鼻涕一把泪的奇奇。

谁知不劝还好,一劝奇奇更是放声大哭起来:"呜呜……都是我们的错,对不起,呜呜……"

这下大家都有点傻眼了,求救似的看着小莫莫,因为他和奇奇的关系最好。

莫莫对同伴们刚才的话很不满,觉得不应该这么冤枉两位新朋友,现在面对大家求救的目光,他反而觉得很解气。看着伤心欲绝的奇奇,聪明的他想了一个主意,而且能让好朋友立刻就不哭了。

"奇奇,我觉得偷我们宝贝的那个小偷一定是从大海里来的,现在只有你们俩能帮到我们了。"人小鬼大的莫莫一下抓住了问题的关键。

奇奇果然立刻就不哭了,他心想,要是莫莫没有看错的话,那么那个小偷显然是从大海里来的,通过水道偷走了狐猴们的宝贝,自己光在这里哭管什么用,要抓到这个小偷才能证明自己和翔龙的清白啊!

"嗯,我们一定帮你们抓住这个坏蛋,找回圣物。"他抽噎着很坚定地说道。

"是的,两位尊贵的客人,这件事只能靠你们了。"狐猴女王也恳切地说道。

"没问题,这件事包在我们哥俩的身上,一定把你们的圣物找回来。"翔龙现在恨透了那个让自己和奇奇受了这么大委屈的小偷。

见奇奇和翔龙这么仗义,刚才怪罪他俩的狐猴们都有些后悔,觉得不该说那些难听的话,结果现在还要求人家帮忙。虽然他们也可以下水游泳,不过水平都是狗刨级别的,更不要说潜入海底去搜寻小偷了。

趁热打铁,翔龙和奇奇马上在水池边召开了一场紧急会议,他们想先做一些外围调查,搜寻一些破案的线索。

"你们在海洋里有什么敌人吗?"翔龙首先问道,他觉得这件事多半是狐猴们的仇家干的,原因嘛,多半是出于报复。

"除了总想吃掉我们的恶獴们,我们在海洋里没有什么敌人呀。"狐猴女王认真思考了一会儿,很肯定地说道。

狐猴们在岛上唯一的敌人恶獴只生活在陆地上,不会出现在海里,看来这条思路走不通。

"那你们发现大海里有谁对你们的宝贝感兴趣吗?或者说,海滩边有没有什么异常现象?"翔龙皱着眉头,像个大侦探,尽量把自己的思路拓宽。

狐猴们的反应让他很失望,大家一起摇头,没有提

马达加斯加海滩上的狂欢节

供一点有价值的线索。

"翔龙，我们还是到大海里亲自调查吧，我就不信这个家伙没有留下一点儿蛛丝马迹。"奇奇不服气地说道。

翔龙点点头，现在看来也只好这样了，这虽然是个笨办法，可往往也是最有效的办法。

调查从水池开始，翔龙和奇奇仔细从沙台边一直搜寻到通往大海的水道口，结果没有发现一点小偷留下的痕迹。

"奇奇，看来我们这次遇到厉害的对手了。"翔龙很严肃地说道。

"哼——再厉害我都不怕，一定要抓住他。"奇奇一脸气愤地说道。

看来秘密就隐藏在黑沉沉的大海里，翔龙决定好好休息一下，天一亮就开始行动。

夜深了，狐猴们在狐猴女王的带领下又重新回到了丛林，因为在空旷的海滩上，他们很容易成为马岛獴攻击的目标。

第二天天刚蒙蒙亮，翔龙和奇奇就开始行动了，他们决定先从海岸边开始调查，一点点向大海的深处推进。

谁知调查一点都不顺利，刚开始他俩就遇到了很大的麻烦，差点把自己置于很危险的境地。

事情的经过是这样的，因为在海滩的沿岸并没有发现什么有用的线索，他们决定把搜寻的范围扩大一点。

"翔龙，你觉得我们这样寻找有用吗？"找了好半天，一点有用的线索都没有找到，奇奇有点信心不足地问道。"这才刚开始，我们一定要有信心。"翔龙打气道。

"可是万一最后没有找到丢失的圣物，我们该怎么和狐猴朋友们交代呀。"这是奇奇最担心的，他很害怕最后会出现这样的结果。

"嗯——这个结果也可能出现，我们只能尽力了。"翔龙理性地回答。

他们一边游一边讨论，可能说话的声音大了点，只听耳边忽然响起很愤怒的声音："谁呀，大清早就瞎吵吵，还让不让人睡觉了。"

声音响起得很突然，把没有心理准备的奇奇和翔龙吓了一跳，奇奇心里正不痛快，见对方这么没有礼貌，他随口批评道："真不讲道理，我们在大路上说话，又没有碍着谁的事。"

奇奇可不知道他随口一句话，可是惹了大麻烦了，只见他俩眼前一花，也不知道从哪里冒出一个个头很大的家伙，背上一排好像旗子一样的高耸背鳍，身体呈流线型，脑袋顶上还长着一把像长剑似的尖刺，正愤

马达加斯加海滩上的狂欢节

怒地瞪着他们。

"快给我道歉。"长剑很傲慢地说道。

"为什么要给你道歉？我们又没有做错什么。"奇奇没好气地回嘴道。

"不道歉是吧，可不要后悔。"拦路的家伙一晃头顶明晃晃的锋利尖刺，恐吓道。

本来翔龙还想说几句客气话的，一见对方这么蛮横，他也有点生气了。"你是谁呀？这么霸道。"他质问道。

"哼哼哼——"长剑一阵冷笑，"难怪敢和我这么说话呢，原来是两个没有见过世面的小毛孩，不知道你大爷的名号呢！告诉你们吧，我就是大名鼎鼎的旗鱼，

旗鱼

连鲨鱼我都不放在眼里,更别说你们了。"

原来对方是旗鱼,奇奇和翔龙还真从没遇到过。看他脑袋上那吓人的尖刺,似乎很厉害,本来奇奇想说几句好话的,可是见他搬出鲨鱼吓唬人,心里本来就别扭的奇奇忍不住小声嘀咕道:"我看就是吹牛,鲨鱼也没有把我们怎么着,我还能说不怕鲨鱼呢。"

他说得虽然很小声,但还是被旗鱼听见了,这下可把这个自大的家伙气坏了,只见他也不说话,脑袋一低,直接朝着奇奇冲了过来,一道寒光划过了清澈的海水——这是旗鱼们最厉害的一招,如果被他脑袋顶上的尖刺刺中,哪怕是凶残的鲨鱼,也会当场毙命的。

翔龙一看不好,赶快惊叫道:"奇奇,快躲开。"

奇奇当然也看出了危险,虽然他拼命把身体朝旁边躲闪,可是旗鱼的动作实在太快了——尖刺几乎擦着他的肚子划过,差点就把奇奇扎中。

"妈呀——"奇奇吓得魂飞魄散,一转身没命地逃跑了。

马达加斯加海滩上的狂欢节

刚果河

刚果河位于非洲大陆的中西部，全长4640千米，流域面积376万平方千米，是非洲的第二长河。由于它60%的流域在刚果民主共和国境内，所以得名。虽然其长度次于尼罗河，但流量却是尼罗河的16倍，而流域面积和流量均居非洲首位，在世界大河中仅次于南美洲的亚马孙河。

旗鱼游得有多快？

旗鱼属于鲈形目旗鱼科的一种大型海洋热带及亚热带鱼类，又名芭蕉鱼，因为其第一背鳍长得又长又高，在竖展的时候，仿佛是一面迎风招展的旗帜，因此人们把它们称为旗鱼。

旗鱼分布于全世界各大洋的热带和亚热带海域，

海上丝绸之路大冒险

在大西洋、印度洋及太平洋等水域，均有它们矫健的身影活动。旗鱼的种类很多，常见的有雨伞旗鱼（芭蕉旗鱼）、立翅旗鱼（白旗鱼）、黑皮旗鱼（黑旗鱼）、红肉旗鱼等。

旗鱼属肉食性鱼类，通常在海洋的上层水域活动，主要以乌贼、秋刀鱼等为食。它们的游速非常快，在攻击目标时，时速可达110千米，还可潜入800米深的水下。

旗鱼可算是动物中的游泳健将了，它的平均时速可达90千米，短距离的冲刺时速约为110千米。虽然旗鱼游得很快，但在浩瀚的海洋中，它们依然有强劲的对手——剑鱼。根据对海洋中不同鱼类游泳速度的研究，游速由快到慢依次是剑鱼、旗鱼、金枪鱼、大槽白鱼、飞鱼、鳟鱼，而通常我们认为游得非常快的海豚只能排在这张游泳健将表的末尾，大约每小时60千米，只有旗鱼最高时速的一半。

旗鱼游得快的奥秘在于，它们游泳的时候会放下背鳍，以减少阻力；长剑般的吻突，将水很快向两旁分开；不断摆动宽大的尾柄尾鳍，仿佛船上的推进器。再加上它们流线型的身躯，发达的肌肉，尾巴摆动的时候推力非常大，于是就像离弦的箭那样飞速地前进了。

十、小偷现行

"小子,现在知道害怕啦,晚啦,看我不给你点厉害瞧瞧。"旗鱼得势不饶人,在奇奇后面紧追不舍。

虽然奇奇的游速非常快,可是那也要看和谁比——旗鱼的速度更快,只见他像一道蓝色的闪电,划过幽蓝的海水,在奇奇后面猛追。

奇奇不断改变逃跑的策略,一会儿直线加速,一会儿变线拐弯,可是不管怎样,都没法摆脱身后好像幽灵一般的旗鱼,奇奇头上的冷汗一下就冒出来了。

"翔龙,快帮帮我。"奇奇扯着嗓子叫道,连声音都变调了。

可是翔龙怎么帮呀,虽然他很想帮助奇奇,但是以他的速度,不仅追不上他们,反而距离越拉越大。

"奇奇——奇奇——"翔龙急得在后面一个劲大叫,恨不得长出一对翅膀飞过去。

又跑了一会儿,奇奇有些游不动了,因为昨晚为了圣物丢失的事,他没有休息好,一直在思考到底是谁偷走了圣物。

经验老到的旗鱼也看出奇奇有些累了,他在后边嘿嘿一阵冷笑:"无知的小子,这下看你还往哪跑,看我不把你扎成筛子。"说着,他加快速度,像一颗出膛的鱼雷一样,朝奇奇追了过去。

"完了,亲爱的妈妈,兄弟姐妹们,我再也见不到你们了。"看着对手越追越近,那寒光闪闪的利剑似乎就在身边晃来晃去,随时都能要了自己的命,奇奇有些绝望了。

俗话说天无绝人之路,就在最危急的时刻,前方忽然出现了一大片茂盛的巨型海藻,如同一片林木葱郁的树林一样。紧随其后的翔龙看见了,他灵机一动,使出全身的力气大喊道:"奇奇,快进入海藻里。"

奇奇正被旗鱼追得发蒙,听了翔龙的喊话,他想都没想,一头就扎了进去,几个游动就不见了踪影。

旗鱼见奇奇逃进了海藻丛,他也一头钻了进去,可是怎么也找不到奇奇的身影了。这个家伙不死心,继续朝里面钻,想把奇奇抓出来,可是他忘了,他的体型比奇奇大得多,而且脑袋顶上原本是厉害武器的尖刺,现在也成了累赘,让他在密实的海藻里行动很不方便,还差点被缠住。

无计可施的旗鱼不得不慢慢退了出来——一旦被海藻丛缠住,很可能会被困死在里面的。不过就这样

马达加斯加海滩上的狂欢节

放过冒犯自己的奇奇，旗鱼很不甘心，他绕着海藻丛来回游动，想等着奇奇出来的时候，再一剑把他刺死。

奇奇可不傻，他躲在一丛海藻后面，拼命地喘气——刚才没命地逃跑，可把他累坏了。等气息匀了些，他慢慢游到海藻丛的边缘，躲在一棵宽大的海带后面悄悄朝外面看去。

看了一会儿，外面空荡荡的，没有追兵的身影，奇奇正要高兴，忽然旗鱼好像幽灵一样，不知从哪里冒了出来，几乎擦着海藻丛的边缘游了过去，这可把奇奇吓坏了，他赶紧退回海藻丛的深处，一动也不敢动了。

不知过了多久，奇奇忽然听见外面有人在小声叫他："奇奇——奇奇，你在哪？"

是翔龙，奇奇心里一阵激动，看来旗鱼已经走了，他赶紧朝声音的方向游了过去，兴奋地叫道："翔龙，我在这儿呢。"

扒开草丛，一眼看见翔龙熟悉的身影，奇奇开心地扑了过去。

"翔龙，我可真想你呀。"他激动得差点哭了。

"奇奇，现在没事了，那个凶巴巴的家伙已经走了。"翔龙安慰道。

海上丝绸之路大冒险

在奇奇躲进海藻丛里后，翔龙长长舒了一口气，他见旗鱼从海藻里退出来后，一直不死心地在周围转来转去。但翔龙也没实力招惹这个狠角色，于是便离得远远的，密切观察着这边的情况。

终于，无可奈何的旗鱼放弃了，他气恼地用尖刺斩断了好几根宽大的海带，然后转身游走了。

看着旗鱼远去的身影，经验丰富的翔龙并没有马上叫奇奇出来——他怕对手耍诈。翔龙悄悄跟踪了一段距离，直到确定旗鱼真的放弃了，他才折返回来，然后把奇奇叫了出来。

"真险啊。"一想到旗鱼厉害的尖刺，翔龙有些后怕地说道。

马达加斯加海滩上的狂欢节

"是啊翔龙,我差点就见不到你了。"奇奇也觉得简直是死里逃生,他真没有想到,就因为参加狐猴们的一个狂欢节,结果惹出了这么多的事端。

"现在怎么办,我们还继续调查吗?"奇奇心有余悸地问道——他怕遇到可能还在附近的旗鱼,说不定还有其他的未知危险呢。

"我们答应了朋友,这件事必须做完。"翔龙斩钉截铁地说道。

是啊,对朋友的承诺是最重要的,睿智勇敢的狐猴女王,可爱的莫莫,还有那些狐猴朋友,他们都眼巴巴地等着我们的好消息呢。

"好,我们一定要找到丢失圣物的线索。"奇奇又重新燃起了斗志。

接下来的侦查过程比较顺利,不但没有再出现危险,而且还出现了转机,他们发现了有关丢失圣物的重要线索。

事情是这样的,在奇奇和翔龙离开海藻丛后没多久,他俩的头上忽然闪过一片阴影,好像有一只鸟飞了过去。

"翔龙,刚才好像一只鸟从我们头上飞过去了。"奇奇有些惊讶地叫道,因为那只"鸟"飞得太低了,几乎擦到了海面。

"不太像鸟,我感觉像一条鱼。"翔龙当然也看到了,不过他的看法明显和奇奇不同。

"什么,鱼?翔龙,你没有说错吧,鱼怎么能在天上飞呢?"奇奇以为自己的耳朵听错了,他瞪着眼睛问翔龙。

"没错,就是一条鱼,一条飞鱼。"翔龙很相信自己的判断。

"飞鱼?飞鱼是什么鱼啊?"这回可真把奇奇搞糊涂了。

翔龙解释道,海中有一种很独特的鱼类,因为他们身体两侧宽大的鱼鳍如同两只翅膀,可以在海面上进行长距离的滑翔,就好像飞鸟在空中飞行一样,所以被称为飞鱼。

"呀,还有这样的鱼啊。"奇奇第一次听说,惊讶地张大了嘴巴。

"当然了,大海里你不知道的秘密还多着呢。"翔龙像个博学的学者,有些得意地说道。

"那我们快些跟过去吧。"奇奇对这种会飞的鱼充满了好奇,想亲眼看看他们飞行时潇洒的身姿。

"好嘞。"翔龙一直都想好好抚慰一下奇奇刚才受到惊吓的心,于是很干脆地答应了——反正寻找圣物的线索也不是着急的事,干脆先放松一下,说不定还会有意外的收获呢。

你别说，翔龙这种想得开的态度还真给他带来了意外的回报——得到了关于丢失圣物的重要的线索。

"我看见飞鱼朝那边飞去了，我们朝那边追。"奇奇的眼睛很尖，虽然刚才飞鱼只是一掠而过，但还是被他看清了飞行的方向。

翔龙也看见了飞鱼消失的方向，于是他和奇奇一起加快速度朝前边游去。

正常情况下，想追到飞鱼是非常不容易的，因为他们可以随时跳出水面进行长距离滑翔，而且可以在空中改变飞行的方向，控制落入水中的位置——这是他们逃避敌人追杀的一项非凡的本领。

可是伟大的海神好像要补偿奇奇刚才所受的惊吓，他们的运气很不错，追赶了没多远，竟然在水面发现了一个灵动的身影，他微微张开宽宽的鱼鳍，正要加速朝前猛冲，似乎要跃出水面，在空中来一次潇洒的飞行。

"哎——朋友，等等我们。"奇奇怕飞鱼一飞上空中就找不到他的踪影了，着急地赶紧喊道。

奇奇一着急嗓门挺大，前面的飞鱼一愣停了下来，回身很奇怪地问道："谁在叫我啊？"

"是我。"奇奇和翔龙的速度很快，话音刚落，他俩

就出现在飞鱼的面前了。

飞鱼上下打量了他们几眼,见喊住他的是一只小海龟,还有一条模样很怪的鱼,自己并不认识,于是好奇地问道:"你们叫我干吗?"

"飞鱼先生,我是中华鲟奇奇,他是我的好朋友翔龙,我们刚才看见你飞了过去,你飞得真漂亮,我们想和你交个朋友。"奇奇嘴皮子很利索地把他俩的来意说得很明白。

"哦——原来是这么回事,"飞鱼恍然大悟,听奇奇夸他飞行厉害,很是开心,"很高兴认识你们俩。"他笑眯眯地说道。

马达加斯加海滩上的狂欢节

"你们俩到这儿干吗？"飞鱼看出奇奇和翔龙都不是本地居民，随口问道。

奇奇把他俩的旅行经历简单说了一遍，飞鱼好像很喜欢，一边听还一边羡慕地说道："我也想来一次这样的旅行。"

"旅行当然是快乐的，可是也会遇到麻烦事呢。"奇奇叹了口气，一想到丢失的圣物，他就觉得脑袋立马大了一圈。

"怎么回事？"飞鱼不解地追问。

翔龙把他俩在海滩上的遭遇说了一遍，飞鱼一边听一边点头，等翔龙说到丢失的圣物时，飞鱼的眼睛忽然亮了一下，他打断翔龙问道："你们说的圣物是不是一个圆盘子，上面还画着两条海蛇一样弯弯扭扭的图案？"

翔龙和奇奇一听大喜，他俩互相对视了一眼，翔龙惊喜地答道："是的，你看见了吗？它现在在哪里啊？"

"我确实看见了，它被一只大章鱼捧在了手里。"飞鱼说道。

原来飞鱼今天和一群同伴一起出行，他在路上有些贪玩，不小心和同伴们走散了，刚才他就是在追赶伙伴们呢，飞上空中是想发现同伴的踪迹。不过在路上，他偶然发现了一只捧着一个圆盘子，一脸兴奋的大章鱼，他嘴里还念叨着什么，好奇的他凑了过去，听见大章鱼说什么狐猴们的圣物终于弄到手了之类的话，所以刚才听到翔龙说的话，他才会那么问。

听说丢失的圣物竟然在一只大章鱼的手里，翔龙和奇奇非常诧异。"大章鱼在哪？"他俩几乎异口同声地问道。

"离这往西不远的地方，那里有一片几乎露出海面的礁石群，围成了一个大圆圈，有一条水道进出，大章鱼就在那里。"飞鱼详细给他俩描述了位置。

"翔龙，我们快去，不要让大章鱼跑了。"终于得到了丢失圣物准确的消息，奇奇非常激动，他想立马抓住这个可恶的小偷，彻底洗清他和翔龙的冤屈。

"好。"翔龙现在也急不可耐。

"朋友，祝你们成功。"善解人意的飞鱼送上了自己的祝福，如果不是急着追赶同伴，热心的他一定会给奇奇和翔龙带路的。

按照飞鱼描述的线路，奇奇和翔龙并没有费太大的劲就找到了小偷的老巢——那个环形海礁群。

"嘘——奇奇，我们小心点，不要惊动了小偷。"越接近环形礁，翔龙反而没有那么莽撞了，他小声提醒好朋友道。

"我知道。"奇奇也懂事地点了点头。

马达加斯加海滩上的狂欢节

他俩很顺利地找到了飞鱼所说的进出环形礁的唯一一条水道,两人一前一后,悄无声息地偷偷潜游了进去。

水道并不长,没游多远,只见前面忽然变得开阔,一个足有半个篮球场大小的海底花园出现在他俩的面前。如果不是来抓小偷的,奇奇和翔龙一定会好好欣赏这里的美景,只见里面珊瑚耸立、水草婀娜,还有各色小鱼儿徜徉其间,把花园衬托得安静又富有生气。

"这个可恶的家伙还真是会享受呢。"奇奇很是气愤地悄声说道。

"嘘——"翔龙没有回答他,而是做了一个不要说话的动作。

转过一堆层层叠叠的珊瑚,奇奇和翔龙几乎同时停住了游动,只见在前方不远一棵红珊瑚的下面,一只大章鱼正惬意地躺在一块平整的沙地上背对着他俩,两只长长的腕足上,捧着的正是狐猴们丢失的宝贝——青花瓷盘圣物。

撒哈拉沙漠

撒哈拉沙漠是世界上最大的沙漠,约占非洲总面积的1/4。沙漠东西长约为4800千米,南北长度在1300千米至1900千米之间,总面积约为960万平方千米。撒哈拉沙漠约形成于250万年前,是仅次于南极洲的世界第二大荒漠,也是世界最大的沙质荒漠。

飞鱼为什么会飞?

在海上航行的时候,有时候会看见成群的鱼跳出

马达加斯加海滩上的狂欢节

水面,在大海上张开胸鳍飞行,这些鱼就是飞鱼。

实际上,飞鱼是银汉鱼目飞鱼科海洋鱼类的统称,它们的种类很多,大约有40种,广泛分布在世界各大海域,在太平洋、印度洋、大西洋等海域都可以见到它们快乐飞翔的身影。不管体型差异有多大,它们都有一个共同点,那就是拥有一对宽大的胸鳍,可以跃出海面在水面上空飞行。

我们常常觉得飞出水面的飞鱼很有趣,可并不知道,这个时候它们往往正在遭受凶猛捕食者的追捕呢。实际上飞鱼并不轻易跃出水面,它们只在遭到敌人攻击,或者受到轮船引擎发出的巨大噪音刺激等时候,才会施展飞行的本领。可是这一绝招也并不总是有效的——飞鱼在空中飞行的时候,经常会被海鸟捕获,或者不小心落到海岛上,或者撞到礁石上丧命。

实际飞鱼并不是真的在飞行,它们只是在滑翔。曾经人们以为那对宽大的胸鳍在它们飞行的过程中发挥最重要的作用,可是最新的研究表明,飞鱼们宽大有力的尾部才是它们飞行的真正动力所在。

现代高清摄影揭示了飞鱼飞行的所有奥秘:飞鱼在准备离开水面时,先在水中高速游动,胸鳍紧贴着身体两侧,像一艘潜水艇般逐渐上升;然后尾部用力拍水,整个身体好像离弦之箭般向空中射去,腾跃到

 海上丝绸之路大冒险

空中后,再打开又长又宽的胸鳍和腹鳍,就可以在空中快速向前滑翔了。在空中,它们的胸鳍并不扇动,靠的是尾部不时拍打水面的推动力来做短暂的飞行。曾经有科学家做过实验,把飞鱼的尾鳍剪去,结果飞鱼再也飞不起来了。

2008年5月,日本的一家电视台曾经拍到一段飞鱼飞行的视频,时间长达45秒,这是目前拍到的最长的飞鱼飞行记录,之前的世界纪录是42秒。

十一、红海探险

愤怒的奇奇两眼冒火,正要上前找大章鱼算账,被翔龙一把拦住了,他对奇奇做了一个跟我走的动作,然后异常小心地转身退了出去。

奇奇无奈,只能跟了出去,一到外面,他就气愤地大声说道:"干吗拦着我不立刻抓住那个小偷啊?"

见奇奇瞎嚷嚷,翔龙赶紧把他拉到离圆环礁更远一点的地方,估摸大章鱼听不见了,他才有些责备地说道:"奇奇,你刚才真是太莽撞了。"

"我怎么莽撞啦,好不容易发现偷圣物的小偷,还不赶紧抓住吗?"奇奇并没有意识到自己的错误,还在不服气地顶嘴。

"大章鱼那么大,你有本事抓住他吗?如果打草惊蛇让他跑了,我们还到哪里找他去呀?"翔龙不急不躁地给他分析道。

这下问住了奇奇,他刚才一门心思地想立即抓住小偷,并没有考虑双方力量的悬殊。现在冷静想想,大章鱼身强体壮的,腕足伸展开来,比自己的个头要长一倍多,光凭自己,根本不是对方的对手,即使再加上翔龙，也不见得一定能取胜。

"那现在怎么办？"奇奇明白过来，又开始着急了。

"我们赶紧回去，把这里的情况告诉狐猴朋友们，大家一起商议一个稳妥的办法。"翔龙考虑了一会儿，说出了自己的主意。

"那我们快回去吧，晚了别让小偷跑了。"说完他就和翔龙转身朝海滩的方向游去。

"奇奇慢点，等等我。"翔龙有些哭笑不得，他觉得受了委屈的奇奇忽然变得有些愣头愣脑的——实际环形礁是大章鱼的老巢，如果没有惊动他，他是不会随意挪窝的。

狐猴们在狐猴女王的率领下，一大早就来到了海滩上，这时奇奇他们刚出发不久。狐猴们一直在海滩上焦急地等待着奇奇和翔龙的消息，当远方海面上终于出现翔龙和奇奇身影的时候，站在秋千架上瞭望的巴拉立刻高兴地大喊道："我们的朋友回来了。"从翔龙和奇奇快速游动的身影，他敏锐地感觉到一定有好消息带来。

离海岸还有十几米的时候，挤到同伴最前头的巴拉就急切地问道："朋友，有我们圣物的消息了吗？"

"有啊，我们不仅找到了圣物，还发现了偷圣物的小偷。"奇奇得意地说道。

"是谁偷了我们的圣物?"巴拉咬牙切齿地问道。

"快告诉我们,是谁偷的?"

"抓住他一定要他好看。"

……

狐猴们义愤填膺,一下炸了窝,纷纷叫嚷着要找小偷算账。

"是一只大章鱼,就在离这里几海里外的一个环形礁里。"翔龙比画道。

听说在几海里外的大海里,狐猴们一下泄了气,没有刚开始那么群情高昂了。

"大章鱼?他为什么要偷我们的宝贝?"小莫莫一脸困惑地问道,实际他的疑问也是所有同伴的疑问。

"可能是昨天展示圣物的时候,被这个家伙看到了,不过我感觉他早就想偷你们的圣物了,只是一直没有好的机会而已。"翔龙分析道。

翔龙说的没错,大章鱼早就惦记上了狐猴们这件精美的圣物,只是一直没有靠近的机会,奇奇和翔龙的到来,狐猴们为新朋友修建的水道,给他提供了千载难逢的下手机会,于是这个家伙就毫不客气地出手了。

这真是不怕贼偷,就怕贼惦记啊。

"我和翔龙怕对付不了那个家伙,是回来搬救兵的,我们快点出发,晚了只怕小偷就要跑了。"奇奇念念不忘抓小偷的事,急切地对狐猴女王说道。

这个要求似乎让狐猴女王很为难,她看了看苍茫的大海,有些无奈地说道:"可是两位朋友,我们狐猴虽然会游泳,但是这么远的距离,即使到了那里,也根本抓不了小偷的。"她说的是实话,能游到那里不淹死,就是幸运了。

"那怎么办,难道就这么放过那个可恶的小偷?"奇奇一听就急了。

"不,我们一定要拿回我们的圣物,那是老祖宗给我们留下的宝贝。"狐猴女王看着远方的海平线,眼神很坚定地说道。

原本闹哄哄的海滩一下安静了下来,狐猴们面面相觑,然后又一起看着狐猴女王,等着她英明的决定。一片寂静中,狐猴群中一个格外高大健壮的身影忽然站了出来:"伙伴们,是勇士的就给我站出来,我们一起去把我们的圣物夺回来。"说话的人非常有气势,话语中充满了坚定和力量。

在场的人心里忽然都一阵震动,大家一起朝高大的身影看去,原来是新当选的勇士黑帽卡罗。

"真不愧是年度勇士,果然很勇敢。"奇奇由衷地夸奖道。

马达加斯加海滩上的狂欢节

虽然大家都很佩服黑帽卡罗的勇气,不过一个现实的问题很难解决,那就是如何渡过这长长的海域。

"就算我们能游到那里,可是等到了就根本没有力气夺回圣物了啊!"一个年轻的狐猴质疑道。

他的话引起了同伴们的共鸣,大家一起纷纷点头,表明自己并不是一个胆小鬼,只是这样冒险的结果并不见得有用。

"如果我们有一只小船,就可以划过去了。"可爱的小莫莫忽然说道。

船这种东西许多狐猴都见过,奇奇和翔龙在旅途中也遇到过,可是到哪才能找到一只小船呢?

"也许我们可以自己建造一只小船。"狐猴群中一个苍老的声音忽然说道。

说话的是狐猴群里年纪最大的一只老狐猴,寿星眉长得像白胡子,他见多识广,是整个狐猴群里的智者。

"老爷爷,你会造小船?"狐猴女王激动地问。

"差不多吧,我可以试试。"老狐猴慢腾腾地说道,但语气却显得很有把握。

"老爷爷你快说,我们要怎么做?"黑帽卡罗摩拳擦掌,恨不得立刻就造好小船,前去找小偷大章鱼决一雌雄。

"你们去找一些椰子树干、长藤条来。"老狐狸吩咐道。

"好嘞。"黑帽卡罗有力地答应一声,带着一帮年轻力壮的狐猴忙活去了。

老狐猴要的这些东西海滩上都很常见——因为经常刮热带风暴,海滩上到处躺伏着吹断的椰子树,长藤条更是在树林里像中了魔法一样疯狂生长。

看着大家忙碌的身影,奇奇也恨不得长脚到沙滩上帮忙,因为他太想早点动身,去把可恶的小偷绳之以法了。

很快,黑帽卡罗就带着手下抬来了十几根长长的椰子树干,还有一大堆蛇一样缠绕在一起的青藤。

"老爷爷,现在该怎么办?"他问道。

老狐猴绕着椰子树走了一圈,这期间大家都没敢说话,屏气凝神地等着,黑帽卡罗更是毕恭毕敬地跟在后面。

"把这些树干长的放在中间,短的放在外面,然后再用长藤把它们捆绑起来,记住,一定要捆绑结实了。"老狐猴最后开口道。

"好嘞。"黑帽卡罗立刻带着手下执行起来。

很快,一个两头尖中间宽的小船一样的模型就呈现在沙滩上——实际上它并不能被称作小船,只是一只木筏而已。

框架搭好了,黑帽卡罗又带着人用长藤捆绑,只见他们两两一组,把长藤从树干之间依次交叉穿过,为了捆绑结实,长藤两端的人用力拉扯,一个个脸被憋得通红,龇牙咧嘴的。

"一定要捆绑紧了。"老狐猴在一边监工,稍不合格就要他们返工。他这么做是有道理的——如果没有绑紧,到大海里被风浪一冲,木筏散了的话,所有的狐猴都会有生命危险。

"用力啊——再加把劲。"巴拉嘴巴比手脚好使,所以只能和小莫莫在一边给大家加油鼓劲。

在大家的努力下,一只宽敞结实的木筏终于出现在大家的面前了。接着照老狐猴的吩咐,他们又做了几支划船的木桨,还用几片宽大的芭蕉叶做了一个好看实用的船帆,这样可以让行驶更灵活一些。

"现在我需要20名跟我一起出征的勇士。"黑帽卡罗站在木筏上,像一个发号施令的大将军。

"我去。"

"我也去。"

……

年轻力壮的狐猴们纷纷报名,很快20个征讨小偷夺回部族圣物的勇士队伍就组成了。

"我也想去。"莫莫站在黑帽卡罗的面前,眼巴巴地恳求道。

"不行,这是去战斗,又不是去游玩,你太小,不能去。"黑帽卡罗无情地拒绝了他。

"让他去吧,我负责保护他。"看着好朋友失望的表情,奇奇和翔龙几乎异口同声说道。

"那——好吧。"既然尊贵的客人都开口了,黑帽卡罗犹豫了一下便答应了。

"谢谢你们。"莫莫开心地一下跳到了翔龙的背上,搂着他的长脖子亲了一口。

"还有我,我也去。"见小莫莫都参加了,巴拉赶紧报名——作为狐猴女王最忠实的仆人,这么重要的行动自己都不在现场的话,以后还怎么在同伴面前指手画脚呀。

就这样,一支强大的狐猴勇士军团组成了,只等女王一声令下,就将乘风破浪出发,前去夺回属于部落的圣物。

"勇士们,出发。"狐猴女王目光坚毅地望着远方,发出了命令。

冲锋号已吹响,大家一起使劲,把木筏推入大海,在奇奇和翔龙的带领下,向着环形礁的方向划去。

"勇士们,祝你们早点胜利归来。"狐猴女王率领着其他子民，不断朝远去的木筏挥手，直到他们消失在茫茫的大海之中。

非洲虎鱼

在刚果河汹涌的水下，生活着一种令人毛骨悚然的巨型水下生物，这就是非洲虎鱼。非洲虎鱼是一种贪吃的肉食性鱼类，因其拥有32颗如剃刀般锋利的巨大牙齿为人们所熟知。巨型非洲虎鱼平时以其他鱼类为食，饥饿时会袭击靠近它们的大型动物，包括人类，甚至会对鳄鱼发起攻击，其杀伤力十分惊人。

你能分清章鱼、乌贼和鱿鱼吗？

我们许多人，不管是大人还是小孩，常常对章鱼、乌贼和鱿鱼这3种海洋生物傻傻分不清，下面我们就来简单介绍一下这3种生物。

海上丝绸之路大冒险

章鱼,属软体动物门头足纲八腕目,为章鱼科章鱼属动物的总称,有8个腕足,且腕间有膜相连,长短不一,腕上具有两行无柄的吸盘,俗称八爪鱼。虽然章鱼的名字里有个鱼字,但它并不是鱼类,是海洋动物。全世界章鱼的种类约有650种,它们的大小相差极大。最小的章鱼是乔木状章鱼,长约5厘米,而最大的可长达数米。

章鱼不仅可以连续往外喷射墨汁,而且还能够像变色龙一样改变自身的颜色和体态,避免被攻击。有些章鱼有相当发达的大脑,可分辨镜中的自己。

乌贼属软体动物门头足纲乌贼目,又称花枝、墨斗鱼或墨鱼。乌贼遇到强敌时会以喷墨作为逃生的方法并伺机离开,因而有乌贼、墨鱼等名称。乌贼的足生在头顶,头顶的10条足中有8条较短,内侧密生吸盘,另有2条较长、活动自如的足,能缩回到2个囊内,只有前端内侧有吸盘。其皮肤中有色素小囊,会随情绪的变化而改变颜色和大小。另外乌贼可以跃出海面,具有惊人的空中飞行能力。

枪乌贼是软体动物门头足纲枪形目枪乌贼科的统称,俗称鱿鱼。它的头和躯干都很狭长,尤其是躯干部末端很尖,形状很像标枪的枪头,而且在海里行动非常迅速,所以叫枪乌贼。部分枪乌贼具有很多发光器,

马达加斯加海滩上的狂欢节

可以用于招呼同类或吸引猎物。另外它们也会喷墨，但喷墨能力较弱。

十二、围攻大章鱼

"我们到了。"翔龙指着前方一片隐约露出海面的礁石尖说道。有了奇奇、翔龙带路,狐猴勇士军团顺利到达环形礁附近。

"可恶的小偷大章鱼就躲在海底。"奇奇也帮着介绍情况。

"我先去探查一下情况,看他还在不在。"翔龙比较有经验,他和奇奇毕竟离开了一段时间,如果大章鱼此时正好外出了,他们这么一大群人闹哄哄打上门,惊动了对手让他溜了就前功尽弃了。

"我也去。"奇奇想跟着。

"不,你留在这儿保护大家,我一会儿就回来。"翔龙很谨慎,怕他俩都离开了,万一水性一般的狐猴朋友们此刻遇到意外,连一个援救的帮手都没有。

"翔龙,注意安全。"莫莫很关心好朋友的安危,他跳回木筏上小声叮嘱道。

"放心吧。"翔龙轻松地一笑,一头扎进了湛蓝的海水里,只见他灵活的身影像一颗彩色的鱼雷一般,游向进入环形礁的水道。

马达加斯加海滩上的狂欢节

翔龙悄悄进入了海底花园,还好,大章鱼还躺在原地呢,腕足上托着青花瓷盘左看右看,一副爱不释手的样子。

"嘿嘿,我的宝贝,你终于属于我了,让那些可怜的狐猴哭鼻子去吧,可能到现在他们还不知道自己的圣物是怎么丢的呢。"大章鱼一边欣赏,一边得意地嘲笑狐猴们。

"卑鄙的家伙,暂且让你得意一会儿,等会儿有你哭的时候。"看着大章鱼张狂的样子,翔龙气坏了,他在心里暗骂道。

摸清了对手的情况,翔龙一转身就出来了,他怕时间久了让大家担心。

虽然翔龙只去了一会儿,可是对于木筏上的狐猴们来说,简直就像一个世纪那么久。

"奇奇,你的朋友怎么还没有回来,他不会遇到危险吧?"巴拉属于心浮气躁的那种,他根本沉不住气,不住抓耳挠腮站在木筏前端向环形礁入口的方向张望。

"不会。"奇奇坚定地摇摇头,他相信翔龙不会让自己失望。

"巴拉,安静点。"黑帽卡罗很有大将军的派头,他怕巴拉的浮躁情绪影响军心,威严地命令道。

现在黑帽卡罗是这支狐猴勇士军团的头儿，巴拉不敢违背他的命令，乖乖地站回了队伍里，但还是忍不住探头探脑地朝环形礁的方向张望。

就在大家望眼欲穿的时候，平静的海面上忽然泛起一朵水花，只见一个熟悉的身影在水下一闪，翔龙大大的圆脑袋露出了水面。

"哈，翔龙，你可回来啦。"奇奇开心地叫道。

"快说说，里面的情况怎么样？"黑帽卡罗也急切地问道。

"一切正常，他还在里面。"翔龙说道，不过他可没有把听见的话说出来，否则狐猴勇士们会被气晕的。

"我们快去把小偷抓住，把我们的圣物夺回来。"莫莫毕竟还是小孩子，想法也比较简单。

"对，卡罗将军，你快下命令吧。"

"只要你一声令下，我们一定冲锋向前，狐猴勇士没有孬种。"

……

狐猴勇士们纷纷摩拳擦掌，都在期待即将开始的一场大战。

"各位，我觉得我们应该先制订一个详细的作战计划，俗话说不打无准备之仗嘛。"虽然巴拉打仗不行，不过头脑倒是很灵活。

马达加斯加海滩上的狂欢节

"我同意巴拉的意见。"翔龙也觉得要仔细谋划一下,免得出了意外,一旦让大章鱼逃脱把圣物带走,再想找到他就千难万难了。

"小偷躲在水底,他要是不肯露出水面,我们该怎么办呢?"实际带队的黑帽卡罗早就在思考作战计划,他把自己一直考虑的问题说了出来,这可是整个行动的关键。

"我和奇奇从水下对他展开攻击,尽量把他赶到水面上来,你们再从上面对他进行夹击,这样这个家伙就腹背受敌了。"翔龙早就想到了这个问题,而且有了一个很好的对策。

"哈,这可真是一个好主意,翔龙,我太佩服你了。"奇奇看着好朋友,一脸崇拜地说道。

"嗯——这可真是一个好计划。"黑帽卡罗点头赞同道。想了一会儿他又接着说:"我们还可以挑选几个水性比较好的同伴,作为你们的帮手,潜到水下去帮你们战斗。"

黑帽卡罗刚才已经观察过周围的环境,这里虽然离海滩很远,但是水并不深,几乎一眼可以看见海底细腻的沙地。

"我报名。"

"我水性好,我也去。"

……

狐猴勇士们很踊跃,一下站出来好几位。

"哈哈,这可太好了,就算不能帮太多的忙,起码可以扰乱对手的阵脚啊。"奇奇开心地说道。

"好,就这么办。"翔龙拍板做出了最后的决定。

"我们一定要夺回圣物,胜利一定属于我们。"莫莫攥着小拳头发狠道。

制订好了作战计划,翔龙和奇奇率先前进,狐猴们则划着木筏紧跟在后。

等翔龙和奇奇进入了水道,黑帽卡罗一声令下:"快,用网把出口封住。"随着命令的发出,只见两个身强

马达加斯加海滩上的狂欢节

力壮的狐猴勇士拖过一张大网,把环形礁的出口完全罩住了。

也许你会奇怪,狐猴们怎么会有大网,这实际也是狐猴老爷爷指挥他们用长藤编织的,目的就是封堵水道,防止大章鱼带着圣物逃走。

看着狐猴们做好了应敌准备,翔龙和奇奇一转身,绕过珊瑚礁,来到了大章鱼的老巢前。

"无耻的小偷,快把狐猴们的圣物交出来。"翔龙厉声大喝道。

"对,赶紧乖乖交出来,要不然有你的好看。"奇奇早就憋了半天,他对着刚才还优哉休息的大章鱼吼道。

这个地方很隐秘,大章鱼一点没有防备,他被忽然响起的吼声吓了一大跳,差点把青花瓷盘扔到了地上。

等他反应过来,只见他一个翻身。"谁呀,谁敢到我的地盘撒野?"大章鱼怒冲冲地问道。

"是我们,找你这个无耻的小偷讨要狐猴们的圣物来了。"奇奇朝前一挺身,迎着大章鱼的目光毫无畏惧地说道。

一见是奇奇和翔龙,大章鱼立刻就明白了,他先是有些慌张,就和所有小偷被人抓了个现行的表情一样。不过这个家伙毕竟皮厚心黑,等他看清只有奇奇和翔龙两个人前来的时候，他又猖狂起来。

"嘿嘿，狐猴们的东西是我偷的，就你们两个小屁孩又能把我怎样？"他一阵冷笑道，说话的时候手里还紧紧抓着青花瓷盘。

"怎么样？快把瓷盘交出来，免得一会儿后悔。"翔龙严肃警告道。

"我就不给，有本事自己过来拿。"大章鱼故意把瓷盘在翔龙和奇奇的面前晃了一下，一副目中无人的架势。

"翔龙，甭跟他废话，我们一起上。"奇奇早就不耐烦了，他头一低，像个炮弹似的径直朝大章鱼的圆脑袋撞了过去。

奇奇早就看清了对方的软肋——大章鱼圆乎乎的大脑袋目标最大，也最容易攻击，如果跟他细长柔软的腕足缠斗，搞不好会被箍住，失去反抗的能力，所以他想利用自己坚硬的头骨片，先给对方当头一棒。

"哎哟，你这无礼的小毛孩，说动手就动手啊。"奇奇的突然袭击速度很快，让大章鱼毫无准备，反应过来后大章鱼忙不迭地躲闪，只见他8条腕足猛地一收一缩，托着他大大的脑袋像个弹簧似的向水面升去。

这正是翔龙他们想要的效果，没想到奇奇的突然

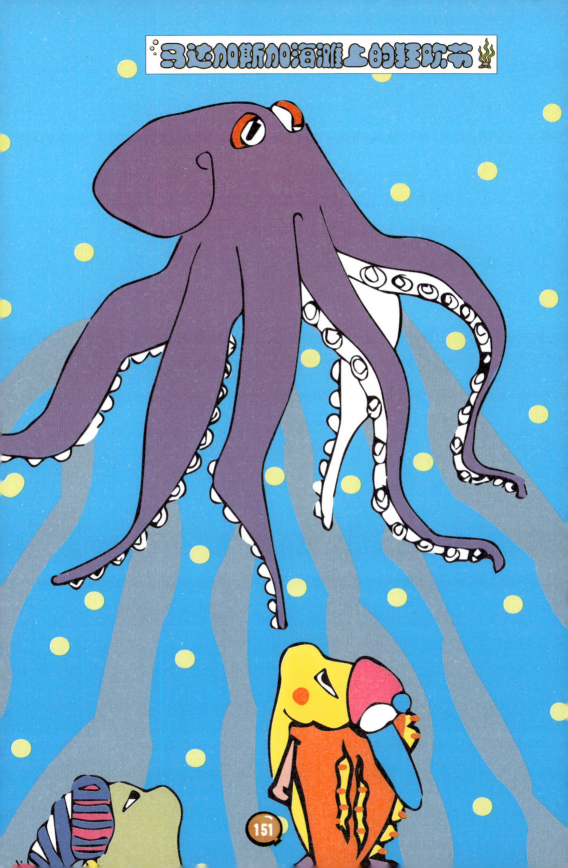

袭击还歪打正着了。

"奇奇,乘胜追击,不要让他回到水底。"翔龙大声喊道,也加速追了过去。

"好嘞,你瞧好吧。"奇奇清脆地答应了一声,发挥自己速度快的优势,在大章鱼的下方快速移动,不断朝头顶上的对手发动攻击。

如果大章鱼这个时候丢下瓷盘还是可以逃走的,毕竟奇奇等人前来,主要的目的也是找回狐猴们的圣物。可是这个家伙太傲慢了,根本没把翔龙和奇奇放在眼里,只见他用2条腕足牢牢抓住青花瓷盘,用另外6只手和奇奇、翔龙打斗。

他们仨在水面附近这么一折腾,海面上就像开了锅,闹得一片翻腾,水花四溅。

"快,我们过去帮忙。"黑帽卡罗说着,带头跳进了水里,其他几位水性好的狐猴勇士拿着木桨紧跟其后。

"两位朋友,我们来帮忙了。"黑帽卡罗大叫道。

按照事先商议好的,黑帽卡罗带着几个伙伴从上面发动进攻,只见他们挥舞手中的船桨,像雨点般地落在水面上,虽然不能给对手致命的打击,但也制造了声威,扰乱了对手的心神。

见狐猴勇士们及时来增援,翔龙和奇奇精神大振,他们在水下绕着大章鱼团团转,不断发动凶猛的攻势。

马达加斯加海滩上的狂欢节

见对手忽然又来了帮手,而且还是同仇敌忾的狐猴们,大章鱼不由得有些心慌,虽然他的本事很大,长长的腕足也是很厉害的武器,可是现在腹背受敌,也让他不由得手忙脚乱起来。

有句话叫双拳难敌四手,大章鱼的腕足再多,也架不住翔龙、奇奇和狐猴勇士们的围攻,渐渐地这个家伙顶不住了,他两只圆溜溜的大眼睛不断朝四下偷瞄,想找个机会逃走。

大章鱼的心思被翔龙识破了,他浮出水面,朝守在入口的莫莫他们大声提醒道:"他想溜了,注意不要让他跑了。"进出环形礁的只有这一个入口,除非大章鱼从礁石上爬过去,不过这样面对身手敏捷的狐猴们,等于是自寻死路。

"放心吧,我们已经布置好了,他逃不了。"巴拉在木筏上率领着其他同伴严阵以待,大声回答道。

他们的对话让大章鱼听见了,见退路也被堵住了,这个家伙不由得一阵心惊,他无心再恋战,调整战术后忽然喷出一股黑墨,把周围的海水都染黑了,趁着这个机会,箭一般朝水道游去。

等黑墨渐渐散去,奇奇和翔龙才发现大章鱼游向出口的身影。"呀,大章鱼带着圣物逃跑了,快追呀。"他俩急得一边大喊,一边在后边紧追不舍。

来到水道出口,大章鱼一眼看见罩住出口的大网,不由得一阵冷笑:"哼哼,就这张破网也想挡住我,简直做梦。"说着,他径直朝大网的网格冲去。

大章鱼之所以将让水族闻风丧胆的渔网都不放在眼里,是因为这个家伙有一项很奇特的本领——他会缩骨功,可以把身体变成一根细长的"面条",从很小的网眼里钻过去,现在这个家伙就想利用他这项独特的本领,从翔龙他们布下的天罗地网中逃走。

虽然大章鱼的如意算盘打得挺好,可是他忘记了一件很关键的事——他死活不愿放弃的青花瓷盘可不会缩骨功,而且尺寸明显要比网眼大许多。所以等这个家伙施展让木筏上的巴拉、莫莫等人目瞪口呆的缩骨绝技成功穿越大网时,转身正要逃往大海深处的他忽然发现寸步难行——原来一条腕足抓握的瓷盘被卡住了,像一块木板似的堵在了网眼上。

"嗯——呀——"

虽然大章鱼拼命使劲,可是瓷盘像一块膏药似的贴在了大网上,纹丝不动。

"放下圣物。"紧追其后的奇奇和翔龙看见后,几乎同时大喊道——大章鱼逃就逃了,只要能找回圣物也行。

可是贪心的大章鱼怎么都舍不得好不容易偷来的

宝贝，他死死抓住瓷盘，还在拼命使劲，想把藤条拉断，拽出圣物。

"快，拉住他。"翔龙怕力气很大的大章鱼真的把藤条拉断了，他跟身边的奇奇招呼了一声，情急之下也来不及多想，扑到大网边张开大嘴一口就把大章鱼的一条腕足咬住了。

"嗯——"

翔龙也拼命使劲朝后退，想把大章鱼拉回来。

"翔龙，我来帮你。"奇奇赶到后也不客气地上前一口咬住了大章鱼另外一条准备缠向翔龙的腕足，3个人隔着大网，像拔萝卜似的展开了一场拔河拉锯战。

这时黑帽卡罗带着几位狐猴勇士水军也赶了过来，不过对于这种水下的僵持，狐猴们可帮不上忙，他们会淹死的。

"现在可怎么办，快帮帮他们呀。"莫莫非常担心两位好朋友，他紧张地盯着水面下的这场惊心动魄的拔河大战。

只见有时候是奇奇和翔龙占了上风，有时候又是大章鱼获得优势，他们仨在大网的两端来来回回拉扯，很难说最后谁会获得胜利。

因为嘴巴都叼着大章鱼的腕足，奇奇和翔龙也无法再说话交流,他们只能鼓足气拼命使劲,把大章鱼往回拉。

这样下去肯定不是办法,关键时刻,聪明的狐猴们想出了一个绝妙的主意:派一个水性最好的狐猴勇士潜水下去,用一根打好活扣的长藤把大章鱼的脑袋从根部勒住。不得不说,这个主意真是够绝的,一旦大章鱼的脑袋真被箍住,就算他再善于缩骨功,可是想逃走,只怕也没那么容易了。

商议好了办法,一个水性最好的年轻狐猴下水了,只见他牵着长长的藤条活扣,一个猛子扎到水底,朝翔龙和奇奇晃了晃他手里的活扣。

翔龙和奇奇都很聪明,立刻明白了用意,这是木筏上的狐猴朋友们来帮他们了,只见他俩忽然同时一起使劲,把大章鱼一下拉了过来,紧紧地贴在了大网上,空出的几条腕足一时也有些施展不开了。

趁着这难得的机会,年轻狐猴迅速上前,手脚利索地把活扣套在了大章鱼的脖子上,然后全速上升——他快要喘不过气来了。

刚一露出水面,其他几位同伴立刻拉紧活扣,只见大章鱼原本圆滚滚的大脑袋瞬间被勒得变成了一个葫芦——上面大下面小。大章鱼霎时觉得一阵头晕,紧紧缠着青花瓷盘的腕足不由自主地松开了,圣物

马达加斯加海滩上的狂欢节

飘飘悠悠地落到了海底的沙地上。

眼尖的翔龙立刻抓住了这绝佳的好机会，他一个猛子扎到海底，迅速抱起了青花瓷盘，然后快速回到了海面。"我拿到圣物了。"他兴奋地叫道。

狐猴们也非常激动，巴拉接过翔龙递过来的瓷盘，嘴里一个劲念叨："哈哈，我们的圣物回来了，我们的圣物回来了——"

虽然大家都很高兴，可是战斗还没有结束：小偷大章鱼还在奋力挣扎，想从活扣里解脱出来。一旦让这个还没有死心的家伙逃脱，说不定还要兴风作浪呢。

"把他拉上来，看他还耍什么威风。"翔龙提议道。

这个建议得到了大家的赞同，只见翔龙先下去和奇奇通了消息，然后十几个狐猴勇士一起使劲，把大章鱼和渔网一起拉到了木筏上。

"看你还敢偷我们的圣物。"小莫莫拿起一个船桨，上去就朝着大章鱼的葫芦脑袋重重地打了几下，打得这个家伙满眼金星飞舞。

一旦离开水，大章鱼柔软的身体就变成了一摊软塌塌的肉，原本厉害的长腕足也失去了活力。这家伙知道自己大势已去，滑头的他赶紧求饶道："各位好汉，是我的错，我不该偷你们的圣物，看在我是初犯的份儿上，就饶了我这次吧，下次再也不敢了。"大章鱼

很会演戏,说着眼泪就流了下来,一副可怜巴巴的样子。

"不能饶了他,要不是有两位朋友帮忙,我们的圣物就永远要不回来了。"莫莫可不想饶过这个偷东西的坏蛋,他大声说道。

"我知道错了,你们就饶过我吧,呜呜……"大章鱼一边央求,一边竟然放声大哭起来。

不管大章鱼是否真的认错,毕竟圣物重新夺回是最重要的,而且狐猴们也并不想要这个家伙的命,所以黑帽卡罗对于如何处置面前的小偷,一时显得很为难。

"只要他保证以后不再偷东西,就放了他吧。"奇奇很善良,他早就忘了被冤枉时对可恶小偷的愤恨,

马达加斯加海滩上的狂欢节

这儿会看大章鱼可怜，又给他求起情来。

"我知道错了，以后一定好好做人，再也不干这些偷偷摸摸的事了。"大章鱼很会顺杆爬，他立刻接着奇奇的话认错道。

"好吧，那今天就饶了你，下次要再被我们抓住，就把你吊在大树上，让大太阳把你晒成章鱼干。"最后黑帽卡罗发话道。

"我一定改正，再也不敢了。"大章鱼这会儿乖得好像一只小猫。

随着黑帽卡罗一声令下，两个狐猴勇士上前解开了活扣，大章鱼终于重获了自由，只见他慢慢挪动长长的腕足，爬入了水中，很快就不见了身影。

"哦——我们胜利啰，可以回家啰——"莫莫高兴地在木筏上又蹦又跳。

像出征的时候一样，奇奇和翔龙在前边领路，莫莫捧着圣物青花瓷盘站在木筏的最前端，其他同伴奋力划桨，木筏向着海滩的方向驶去。在那里，狐猴女王正带着大家翘首以待，等着他们胜利归来，一场异常热闹的庆祝活动也即将在沙滩上再次上演。

蜜獾

蜜獾是鼬科蜜獾属下唯一一种动物,虽然个头很小,比一只家猫大不了多少,可是它们却以"世界上最无所畏惧的动物"的名号被收录在吉尼斯世界纪录大全中,常常无畏地面对狮子、花豹等体型大自己数倍的猛兽,而最后退却的却往往是这些凶猛异常的猛兽。蜜獾杂食性,以小型哺乳动物、鸟、爬虫、蚂蚁等为食,可捕食剧毒蛇,尤喜食蜂蜜,这也是它们名字的由来。

如何测量长颈鹿的高度?

当郑和的船队首次抵达非洲大陆,第一次看见长颈鹿时,大家都惊呆了,看着它布满美丽花纹的身子、头顶竖立的犄角,船员们都认为看见了传说中活着的

马达加斯加海滩上的狂欢节

麒麟。当地人告诉他们在非洲这种动物叫长颈鹿,确实它的脖子非常长,个头也非常高。郑和很想知道眼前这头长颈鹿有多高,可是牵它来的人根本说不清。随从里只有一个人带了一把很短的木工尺,还没有长颈鹿的半截尾巴长,这可怎么量呢?你能帮他们想出一个可行的办法吗?

问题答案:让长颈鹿站在树边,派一个会爬树的船员刻下长颈鹿的高度,然后再依段用木工尺丈量树干就可以知道长颈鹿的高度了。